商売は地域とともに

神田百年企業の足跡

NPO法人神田学会
東京大学 都市デザイン研究室［編］

東京堂出版

『商売は地域とともに──神田百年企業の足跡──』　目次

第四章　神田のまちかどから～神田多町の歩んだ百年

第五章　老舗に読み取る神田の未来景

本書でご紹介する 神田の老舗 案内図

本文内でご紹介する老舗と、まちづくり勉強会「神田学会」で取り上げた老舗をご案内しています。

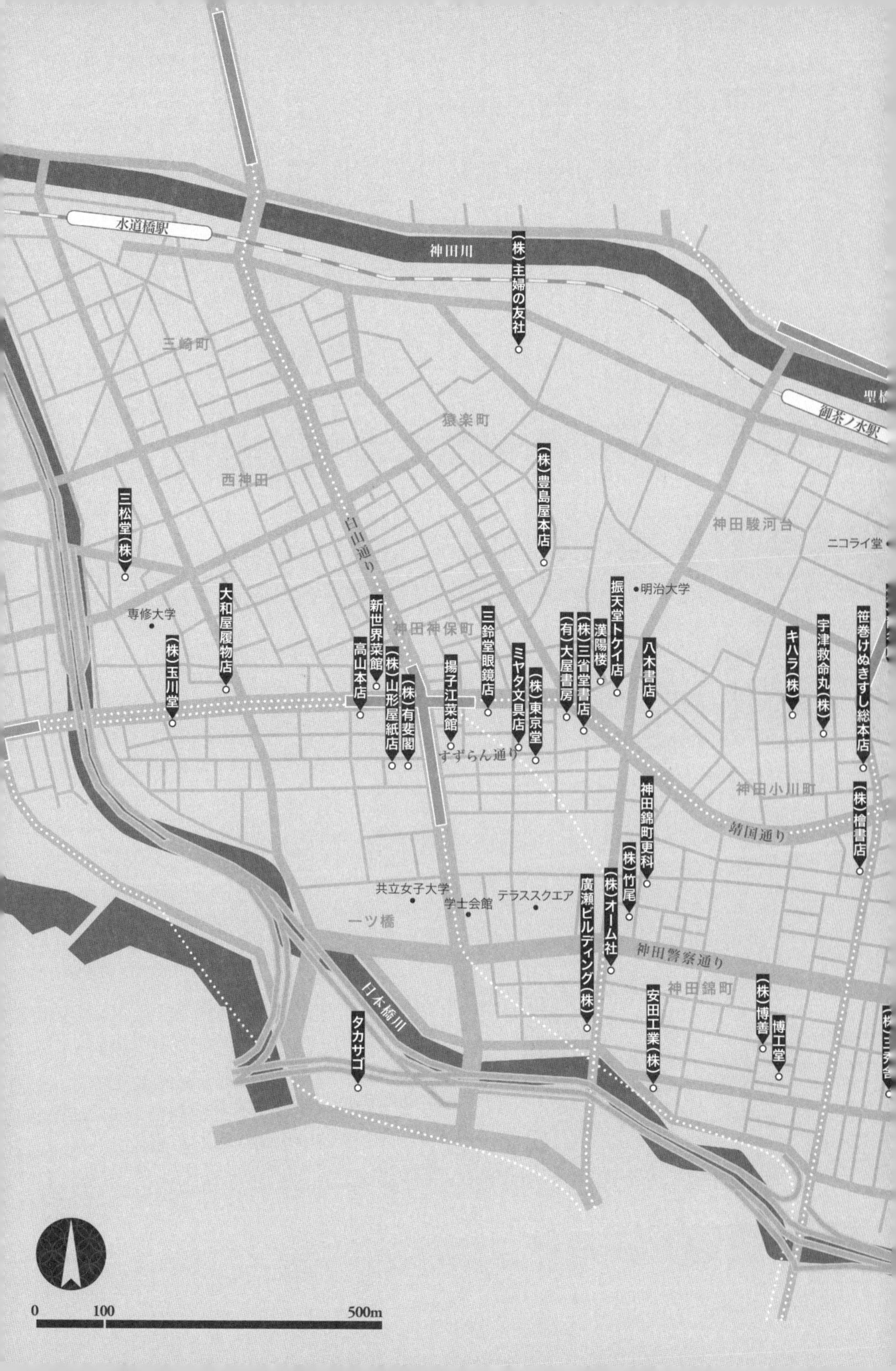
水道橋駅
神田川
(株)主婦の友社
三崎町
猿楽町
御茶ノ水駅
西神田
神田駿河台
ニコライ堂
(株)豊島屋本店
三松堂(株)
白山通り
明治大学
専修大学
大和屋履物店
新世界菜館
神田神保町
三鈴堂眼鏡店
振天堂トケイ店
(有)大屋書房
(株)三省堂書店
漢陽楼
八木書店
キハラ(株)
宇津救命丸(株)
笹巻けぬきすし総本店
(株)玉川堂
高山本店
(株)山形屋紙店
(株)有斐閣
揚子江菜館
ミヤタ文具店
(株)東京堂
すずらん通り
神田小川町
(株)檜書店
靖国通り
神田錦町更科
(株)竹尾
(株)オーム社
廣瀬ビルディング(株)
共立女子大学
学士会館
テラススクエア
一ツ橋
神田警察通り
神田錦町
安田工業(株)
(株)博善
博工堂
日本橋川
タカサゴ
0
100
500m

第一章　はじめに

日本の老舗、神田の老舗

神田駅南口付近（写真集「神田」より）

一　なぜ日本に老舗が多いのか

インターネットの百科事典 Wikipedia に老舗リスト List of oldest companies という項目があり、これをひくと創業が古い世界の企業の一覧表を見ることができる。これを見ると驚くべきことが分る。なんと世界の最古企業ベスト一〇のうち七社までが日本の企業なのである。ベスト一〇は表1のようになっている。

一位の金剛組は大阪にある社寺建築専門の建設会社で、聖徳太子ゆかりの来歴を持つ。世界最古の会社としていままでもよく知られていた。宮大工の伝統を受け継ぐ建設会社としてはこのほか、愛知の中村社寺（九七〇年創業、世界一二位）がある。

表1　世界の最古企業ベスト10

1位	578年	金剛組（社寺建築）
2位	705年	西山温泉慶雲館（山梨県、旅館）
3位	717年	古まん（兵庫県、旅館）
4位	718年	法師旅館（石川県、旅館）
5位	760年	TECH 海発（新潟県、機械）
6位	771年	源田紙業（京都府、祝儀用品）
7位	803年	Stiftskeller St. Peter（オーストリア、レストラン）
8位	862年	Staffelter Hof（ドイツ、ワイン）
9位	885年	田中伊雅佛具店（京都府、仏具）
10位	900年	Sean's Bar（アイルランド、パブ）

二位の慶雲館は西山温泉にある老舗の温泉旅館、ギネスが認定する世界最古の旅館としても知られている。こうした古くから家族経営で続いている温泉旅館は日本には非常に多く、三位の城崎温泉の古まん、四位の粟津温泉の法師旅館のほか、聖徳太子来訪のいわれが残る道後温泉、「日本書紀」に記録が残る南紀白浜温泉などをはじめとして、日本各地の古湯には、それぞれ立派な老舗旅館が存在している。

五位のTECH海発は新潟県小千谷市の精密機器の会社であるが、その起原は古代からの鍛冶職人にあるということで、創業が八世紀に遡ることになる。

六位の源田紙業は水引などの祝儀用品を扱う会社で、奈良時代に創業し、京都遷都に伴い京都に移ったという歴史を持つ。

ここまでトップ六社を日本が独占しているのである。

東京商工リサーチ社の二〇一二年の調査では、日本には創業百年を超える老舗企業は二万七千社を数えるという。小規模な店舗まで含めると、その数は一〇万社にまでのぼるという調査報告もある。

なぜ、日本にはこのように老舗が多いのだろうか。

ひとつの明らかな特長はものづくりの企業が日本には多いということである。職人型の企業と言えばいいだろうか。中世にまで遡る日本の職人型の老舗としては、既述の企業のほか、和菓子・製茶・薬種・鋳造・味噌・酒などの製造業がある。

たしかに職人型の企業は、技術を受け継ぎながらコンスタントにものづくりを続けるところに価値を見いだすことが多いということは言えそうである。もちろんものづくり企業でも世界に羽ばたいているところは数多いので、いちがいには言えないが、企業拡大よりも企業の永続性を大切にするという気風を持った企業も少なくないことは言えるだろう。

その背景には、こうした職人的な気質を大切にする日本の風土があるのだろう。対して、商人型の企業はそれほど多くないことがわかる。もともと商人型の企業が成立するためには商品流通の仕組みが成立していなければならないため、近世以前にこうした企業が成立する余地はほとんどなかったといえる。

商人型の企業としては三井家による三越（越後屋・一六七三年創業、三井呉服店）や住友家の銅精錬業、銅貿易から始まる各種貿易業などが有名であるが、いずれも江戸時代に入ってからその基礎が築かれた。中世にまで遡る商業組織はまず存在しないのである。

もうひとつの特長は、地域密着型のサービス業、特に温泉旅館業が多いことである。温泉旅館はまさしく地域から離れては存在し得ないので、いかに利益があがるからといって全国展開をするといった性格のビジネスではない。

また、見方を変えると、日本の老舗には企業の全面展開を選択するよりも、企業の継続に重きを置くといった価値観が主流を占めているということがわかる。ある一時点でいかに儲かっていたとしても、そこに過剰な投資をするのではなく、慎重に企業活動の永続性に重きを置くという姿勢で経営をおこなう企業が日本には多いということである。

これは、企業が冒険をしないという保守的な姿勢を持っているという見方も出来るが、逆に言うと、リスクを最小限に抑え、企業の存続に最大の価値を置くというものの考え方があるということになる。

「太くしかし短いかもしれない」ではなく、「細くかつ確実に長く」という思想である。

こうした姿勢を取るためにはいくつかの前提がなければならない。

つまり、社会が安定して、将来への付託というものが考えられる社会であるということ、安定した社会の中で家族も永続しているということ、技術やノウハウを伝承する後継者が安定的に確保されているということ、金銭的に現世で豊かなことを否定はしないものの、一隅を照らすように小さくとも堅実な生き方を尊ぶ社会の風潮があること、などである。

そして、日本の古くからの社会はこうした条件にうまく合致しているのである。

つまり、古来、庶民を拘束したり、その生活基盤を奪ってしまうような戦乱や武力闘争は少なく、ほとんどの争いは武士同士の戦いであったという日本社会の歴史が下敷きにあるということである。

実学を重視し、農民や職人を大切にする社会の倫理観も背景にあった。

さらには、長男による家督相続という歴史が、代々、家を継承することに価値を見いだす道徳観を育んでいったと言える。

地形的に見ても、山がちで、入り組んだ谷あいに小さな生活圏で完結した社会を営んできた日本人にとっては、地形を超えた拡張よりも、地形の中での調和の方がはるかに実感をもって迎えられたということができよう。

こうして日本に老舗が多いのは、日本社会の個性に源を発しているといえそうである。

二　なぜ神田に老舗が多いのか

話題を東京に絞ると、なぜ神田に老舗が多いのか、という問いがある。東京のなかでも神田には日本橋に次いで老舗が多いのである。

神田学会の神田百年企業の調査によると、現時点で創業百年を超える老舗が神田には一七〇軒近く確認されている。

もっとも歴史があるのは、慶長元年（一五九六）創業の酒店、豊島屋本店である。白酒の製造販売で有名な店で、江戸時代以前から神田の地で商いを続けて今日に至っている。

次いで、翌慶長二年（一五九七）創業の宇津救命丸が古い。宇津家は下野の国の国主、宇都宮家の御殿医であったが、慶長二年に帰農し、同時に居宅のあった高根沢西根郷（現在、栃木県高根沢町）で、農業のかたわら製薬業を営むようになった。のち、明治後期に東京に進出、昭和三四年（一九五九）に本社を神田の地に移している。

ふたつの老舗に代表されるように、もともと神田で創業した企業の他に、神田の地に移転して新しい展開を図った企業という異なったふたつのスタイルがある。

神田学会が調査をおこなった一六七軒にのぼる百年企業の創業年を見ると、江戸時代もしくはそれ以前が二五軒、明治時代一二〇軒、大正時代（一九一二〜一九一四年）一一軒、不明一一軒となっている。このうち創業年が集中しているのが、明治二〇年（一八八七）の七軒で、次いで明治三〇年（一八九七）・三九年（一九〇六）・四三年（一九一〇）の六軒となっている。総じて明治中期から後期にかけてにひとつの山が見られることが分かる。

また、同じく百年企業一六七軒の業態別の内訳のうち数が多い業種を見ると、表2のようになっている。

日本全体の傾向と比べると、神田は温泉地ではないうえ、ホテルとの競合が激しいので、老舗旅館が少ないのはやむを得ないかもしれない（明治三一年（一八九八）創業の旅館龍名館本店のみ）。飲食店の割合が多いのはいずれの大都市も同様だと言えるが、それ以外に、ものづくりに関連した業種が数多く、ものづくりの対象も近世から近代のものまで多様である点に特色がある。

たとえば、伝統的な職人仕事のものづくりとして、弓（小山弓店、文化二年（一八〇五）創業）や提灯（吉野屋商店、安政元年（一八五四））、すだれ（椎橋商店、明治二年（一八六九））、田中すだれ店、明治二〇年（一八八七））、文具（ミヤタ文具店、明治一九年（一八八六））、和紙（山形屋紙店、明治一二年（一八七九））、薪炭（廣瀬ビルディング、明治一三年（一八八〇））、日本画材・筆（得応軒、明治一七年（一八八四））、履物（大和屋履物店、明治一七年（一八八四））、蝴蝶、明治三二年（一八九九））、釣り具（櫻井つり具店、明治二〇年（一八八七））、印鑑（博工堂、明治三五年（一九〇二））、箸（箸勝本店、明治四三年（一九一〇））などがある。

一方、ネジ（鋲定本店、明治五年（一八七二）創業）、眼鏡（三鈴堂眼鏡店、明治一二年（一八七九））、時計修理（振天堂トケイ店、明治二五年（一八九二））、洋服のフォーマルウェア（カインドウェア、明治二七年（一八九四））、農業用機械（丸山製作所、明治二八年（一八九五））、釘（安田工業、明治三〇年（一八九七））、作業工具（水戸工業、明治三〇年（一八九七））、看板（イサミヤ、明治三六年（一九〇三））というように近代に生まれた製品をつくる店もあるという幅の広さを見せている。

また、書店や古書店、印刷・製本に関わる企業が多いのも神田らしい特色である。

なぜこのように老舗が神田に多いのか。

周知の通りもともとの江戸のまちは常盤橋から浅草寺前を通って東北に向けて延びる奥州街道沿いの本町通りを中心とした日本橋界隈が町人地の中心であった。日本橋地区に接して北側、奥州街道と直角に北西の方角へ向かう中山道沿いを中心とした町人地が元来の神田だった。ここには鍛冶町や大工町、紺屋町、鍋町などの名前からわかるように職人町が形成されていた。特に大工を中心とした御用達職人が多く住んでいたといわれている（現在の神田地区はここからさらに西側のかつての武家地を大きく含み込んでいるので、注意が必要）。

表２　神田百年企業の業態の内訳

1位	食にかかわる老舗	48軒（蕎麦、寿司、うなぎ、和菓子など）
2位	ものづくりにかかわる老舗	43軒（和紙、各種小物など、卸販売業を除く）
3位	書店、古書店	23軒（出版を含む）
4位	学校	9軒（各種学校を含む）
5位	病院	7軒
6位	医薬品、漢方薬	6軒
7位	印刷・製本	4軒

職人のまちだったからこそ、現在までものづくりの老舗が続いているのである。さらに近代になると武家地が宅地化され、ここにも近代のものづくりを受け入れる器が出来たことから、近代産業としてのものづくり企業も生まれてきた。

さらに明治に入ると神田地区に大学が立地し、それを支えるための書店、出版業が地区内に集中することになる。神田に隣接した大手町地区に官営の印刷工場が立地し、紙幣や官報の印刷が始まったことも神田に印刷製本業者が集中する契機となった。

地区形成の歴史が老舗の業種に反映されているのである。

一方で、日本橋地区の南側には、船入堀が何本も続く京橋地区は物流の中心となり、その南の銀座地区は小物の中心地で、明治以降ファッションの発信地となった。日本橋を起点として、京橋と銀座の地区を貫いているのはもちろん東海道である。これに対して日本橋から神田を経て北上するのが、先述したとおり中山道である。

こうしてみてくると、神田－日本橋－京橋－銀座という一連の地区は、それぞれ接してはいるものの、いずれも独自の性格を有しており、ひとつながりというよりも、それぞれが個性を有する地区が連なっている地帯だということができる。それがおのおのの地区の老舗の業種や商売のスタイルにも反映している。

この地区は全体として明暦の大火、震災そして戦災と大きくは三度の大災害に見舞われており、その中でも特に神田地区は震災復興の土地区画整理によっても大きく街区の形状を変えることになった。

土地区画整理を加えると四度の大改変が加えられたにも関わらず、神田には多くの老舗がいまだに現役で活躍している。したがって神田にはかんだやぶそばやあんこう鍋のいせ源などの老舗がある須田町界隈といったごく一部を除いて、老舗を象徴するような古めかしい建物というものがない（須田町にしても江戸時代には武家地だったので、明治以降の開発である）。

災害が多かったため、老舗が外形で表現されるのではないというスタイルが生まれたといえるだろう。

しかし、それだけではないと思う。より積極的な意味をそこから読み取ることが出来ると思う。

つまり、老舗は外形的な建築物で表現されるのではなく、受け継がれた技術によってその価値が表現されているということが、ここでは永らく定着してきたと言えるのである。これはものづくりに関連した老舗だけでなく、寿司屋や蕎麦屋などの食の店でも同様である。そういえば寿司屋はカウンターの向こうに陣取る寿司職人の姿が最大の特色となっている。職人の姿を前面に出すこうしたスタイルが定型化した飲食店というものは世界にも珍しいに違いない。

ここにも技術を前面に持ち出す神田の老舗の（そして日本の老舗一般に通じる）特色がある。手づくりの職人文化をつなげていくことが、細く長く続いてきた老舗の訓えなのである。

三　「不易流行」

ふえきりゅうこう――これは筆者が、これまでの計五回の神田百年企業の連続シンポジウムでインタビューをさせていただいた一四人の老舗経営者がほぼ共通して口にしていた、あるいは言外に語ってくれた言葉・考え方である。

時代を超えた真理である「不易」と時代の流れをつかむ「流行」とをうまくバランスさせていくことが経営の要諦である、と多くの経営者は主張したかったのだろう。拠り所となる「不易」があってこそ、「流行」も活きる、という意味もあるのかもしれない。紆余曲折の永い経営の歴史の中で、身を以てこれらのことを学んでこられたのだろう。細く長く生き続けることの秘訣がこの言葉に込められている。

不易流行の意味がいずれであれ、根底に自らが持つ技術に対する深い矜持がある。伝統を象徴するようなかたち自体ではなく、かたちを現実のものとする手仕事のわざこそが次代を切りひらくという強い信念が感じられる。

その「職人的なるもの」こそが神田の老舗の真髄なのだろう。そしてそれは日本の老舗一般にもつながっている。

第二章　神田のまちと百年企業

庶民的風景（写真集「神田」より）

一　神田のまちの成り立ちと特長

神田に多く立地する老舗企業は、創業から災害や戦争を乗り換え百年以上も営業を続けながら、神田のまちを見守ってきた。古くは職人のまちと言われ、また電気街や古書街といった多様な顔、そして神田祭などの豊かな都市文化を持つまちである神田。老舗が見てきた神田のまちと神田に残ってきた老舗、その共に歩んできた時代を振り返る。

本節では主に老舗が店を構えている場所や業種に着目し、多くの老舗が創業した明治元年（一八六八）から大正二年（一九一三）まで、そして関東大震災から戦後・バブルにかけての危機の時代を、神田のまちの歴史の要点とともに振り返る。

（一）江戸時代より続く老舗と町人地

（一六〇三〜一八六八年）

江戸時代より続く百年企業も全体の割合から見ると数は少ないが、一定数存在する。これより古い時代から続く企業は、慶長元年（一五九六）創業の酒店、豊島屋本店だけが神田を創業地としており、江戸時代前から神田に創業している老舗は、他にはない。次いで、下野の国で創業した宇津救命丸も慶長二年（一五九七）に創業し、その後江戸に移ってきている。そもそも江戸というまち自体が、都市として本格的に歩み出したのが、江戸時代なのであるから当然といえば当然である。

神田は町人のまちとして知られるが、その土地利用を見ると、実は神田の西側は武家地が大勢を占めており、神田全体が町人地であったわけではない。そのため、西側に立地している百年企業も本拠地を何らかの理由で移してきているのである。時代の荒波を乗り越えてきた老舗企業にとって、本拠地選択は消極的な理由と言うよりは、戦略上何らかの意味や価値を持っているものに違いない。老舗がどこに立地しているのか、また、当地に立地し続けているのか。この点は重要なテーマの一つと言えるだろう。

図 2-1-1：創業期別・老舗の位置と業種

(二) 文明開化から近代化の明治時代創業の老舗
（一八六八～一九一二年）

○旧万世橋建設

明治時代に創業した老舗は、旧万世橋近辺と錦町周辺に多く立地している。当時秋葉原は、明治二年（一八六九）の大火で広大な火除地と秋葉神社が設置され、人の集まる広場になっていた。明治五年に筋違橋が撤去され、翌年に万世橋が、現在の位置よりも昌平橋寄りに建設され、筋違橋に変わって秋葉原と繋がるにぎわいの場となっていた。また、明治一〇年（一八七七）東京大学が創立され、法学部・理学部・文学部の校舎は神田錦町三丁目の当地に設けられた。これらの大学などの学校が多く立地したことでこの地が学問のまち、本のまちへと発展していくきっかけがここにある。先ほども見てきたように西神田のあたり、神保町や駿河台はみな明治期に開かれていったまちである。

○大学街の形成

この頃創業した老舗の業種は出版や印刷が多く、錦町、神保町周辺に立地している。明治中期のこの時期には、錦町、神保町周辺等に大学街が形成されていったことが背景にある

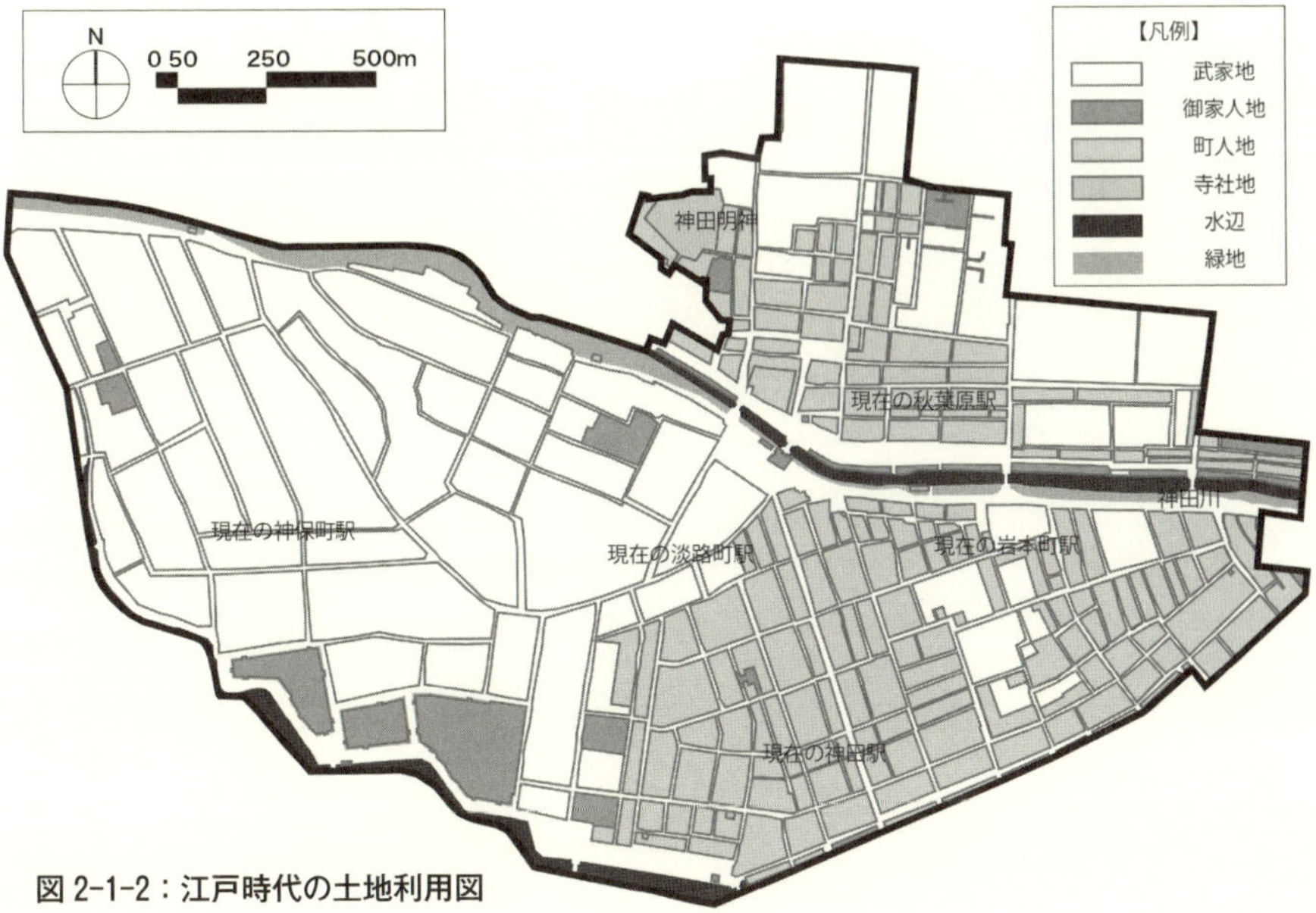

図 2-1-2：江戸時代の土地利用図

と考えられる。明治一三年（一八八〇）年に法政大学の前身である東京法学社は駿河台に開設された後、学生の急増によって神田錦町に移転した。その後も、明治一八年（一八八五）には専修学校（現専修大学）が今川小路に移転、明治一九（一八八六）に明治法律学校（現明治大学）が神田駿河台に移転、明治一八年（一八八五）に英吉利法律学校（現中央大学）が神田錦町に創立と、次々に大学が立地した。日本橋川の南側の大手町一帯は官庁街であったために、神田に設立した上記の学校は当初、多くは夜学であったという。

○鉄道と水運の発達

その後に創業した老舗は神田の広い範囲に立地しており、金物や衣類の問屋が神田川近くに見られる。この時期には神田川が水運の要衝として活躍し、また明治二三年（一八九〇）には秋葉原貨物取扱所が開業した。これは、上野駅の貨客分離によって貨物線が秋葉原まで延長されたことが原因である。また、少し遅れて明治三七年（一九〇四）一二月末に乗客専用の飯田橋からに西に延びていた甲武鉄道（現在の中央線）の起点が御茶ノ水駅に変わった。鉄道馬車が交通機関として活躍している中、万世橋は鉄道馬車の乗り場になっており、乗降客で賑わっていた。

秋葉原駅構内には船溜まりが掘られ、米や石炭が鉄道から船に積み替えられ、東京市内に配送された。神田川の輸送量は隅田川に次ぐ量を誇る輸送の要衝で特に万世橋近辺には荷揚げ場が集まっており、荷揚げの人で賑わっていたという。また、竜閑川と浜町川の合流地点と神田川を結ぶ運河が新設され、神田材木町は文字通りの材木問屋の集積する町になって発展した。このように流通とそれを支えるインフラがまちの骨格に大きく影響する時代となっていった。

○**市電開通と市区改正事業**

明治三六年（一九〇三）に市電が開業し、市民の交通の変化からまちの様子が大きく変わり始めたこの頃、老舗は業種を問わず神保町靖国通り沿いと、須田町周辺に立地している。神田では神保町駅の乗降客数が非常に多かったが、多くの路線の乗換駅である須田町駅も乗降者数が神保町駅に次ぐ多さで、駅周辺には繁華街が形成されて賑わった。神田須田町交差点は、この時代に日本で最も地価の高い場所となった。その後、大正八年（一九一九）に、国鉄神田駅が開業する。中央通りの今川橋付近は、昭和二五年まで露天商が出ていたため、大変賑わいのある通りだった。日本橋三越では、国電の神田駅利用客を取り込むために、クリスマスの装飾をしたり、正月には角松を立てたりと、駅周辺を重要視していた。

また、明治期から続く都市計画事業として市区改正事業の成果がまちに現れる。東京市区改正事業は明治二一年（一八八八）から大正七年（一九一八）まで続いた事業である。これによって道路改造が行われ、内神田に多かったT字路が改善され、現在の靖国通りに該当する道路が一八～二二間に拡幅される（当時銀座は一五間だった）など、市街地の様子が近代化しつつある時期であった。

（三）大正～昭和前期の時代を駆け抜けた老舗（一九一二年～一九四五年）

○**関東大震災と帝都復興事業**

大正一二年（一九二三）九月一日に発生した関東大震災の被害は大きく、焼失面積は神田区全体の九四％という非常に規模の大きな被害を受けた。人口が減少したまま戻らず、また、大正一四年（一九二五）の山手線全通、中央線複々線化以降市電の隆盛に陰りが出たこと、神田多町の青果市場が秋葉原に移転したこと等、神田にとって変化が訪れていた。現在残る老舗も多くが関東大震災で焼け出されたが、再建や、神田内での移転をしながら営業を続けていった。

関東大震災後の帝都復興では、昭和通りや靖国通りが新設され、大規模な区画整理事業が行われ、市街地の特に町割りの様相は大きく変化することになった。このときの街区の構成と道路網が基本的に現代まで引き継がれている。

（四）昭和戦後期以降（一九四五年～）

○戦災から立ち直る戦後復興

第二次世界大戦では、東京大空襲によって神田区は神保町方面の西側と外神田方面の北側が焼け野原となった。また戦後は神田駅あたりと須田町から神保町にかけて巨大な闇市が形成された。現在に残る老舗は、戦時中は異なる商売をしたり疎開したりしながら、戦後は当主や建物を失いながらも再建を果たした。

戦後、戦災によって生じたがれき処理のために、昭和二三年に神田堀、浜町川、呉服橋から南の外濠が新橋まで埋立てられた。その後昭和三九年の東京オリンピック開催に向けた東京の整備の一環で日本橋川の水面上に高速道路が建設され、防潮堤などの護岸建設によって、神田川とまちとの関係が忘れ去れるものとなってしまった。

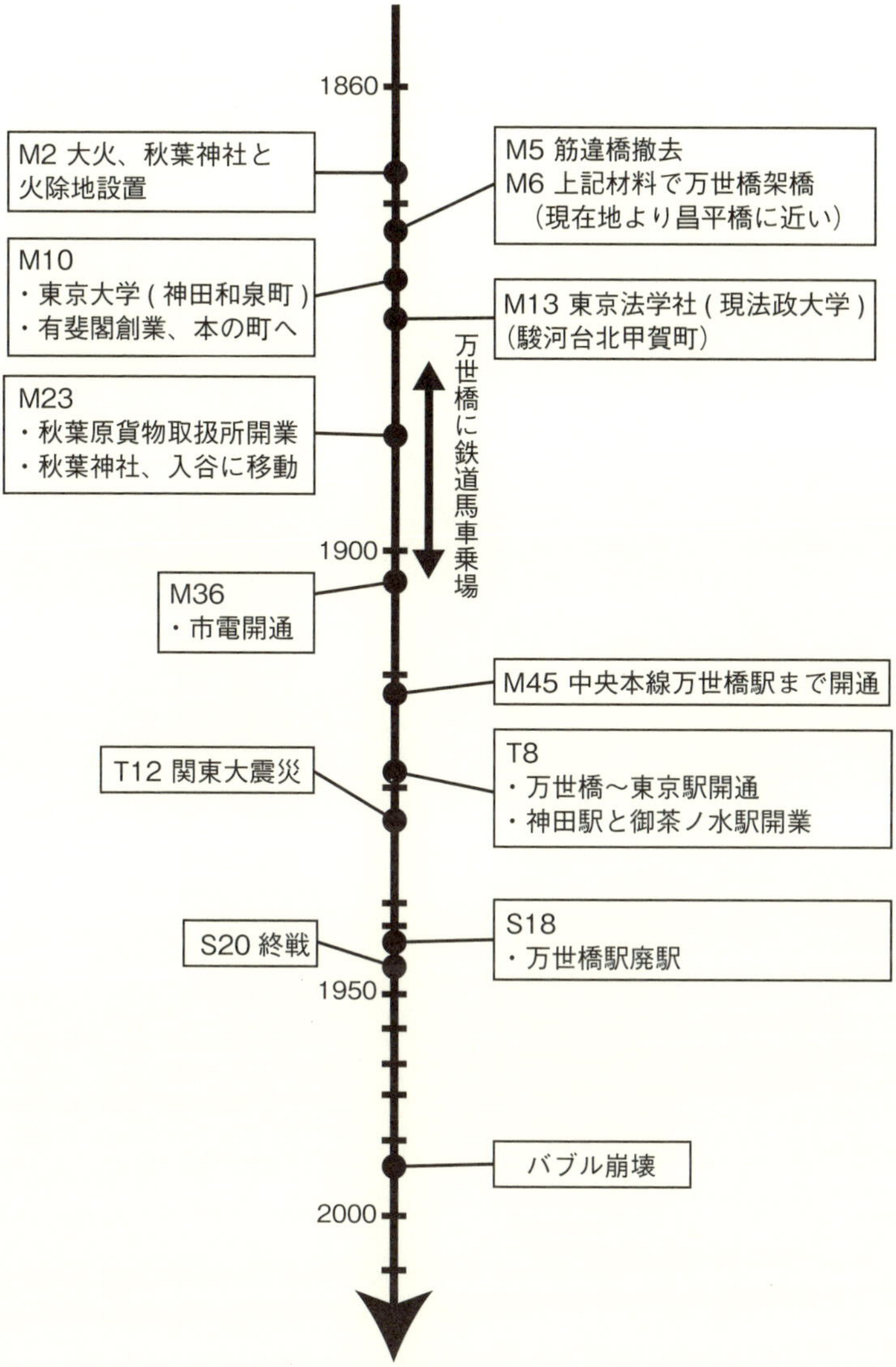
1860
M2 大火、秋葉神社と火除地設置
M5 筋違橋撤去
M6 上記材料で万世橋架橋
（現在地より昌平橋に近い）
M10
・東京大学 (神田和泉町)
・有斐閣創業、本の町へ
M13 東京法学社 (現法政大学)
(駿河台北甲賀町)
万世橋に鉄道馬車乗場
M23
・秋葉原貨物取扱所開業
・秋葉神社、入谷に移動
1900
M36
・市電開通
M45 中央本線万世橋駅まで開通
T12 関東大震災
T8
・万世橋～東京駅開通
・神田駅と御茶ノ水駅開業
S20 終戦
S18
・万世橋駅廃駅
1950
バブル崩壊
2000

図 2-1-3：神田の概略史

○高度経済成長以降のまちの変化

高度成長後、徐々に復興を遂げた老舗は、この時期に事業規模を大きくするものが多くあった。昭和三四年の建築基準法の改正によって、防火地域内では三階建以上、延べ床面積一〇〇㎡以上の建築物は耐火建築物しか建てられなくなる。こうした法律的背景もあり、老舗の店舗は、ビル化していく流れを辿る。

バブル経済によって地価が高騰し、「底地買い」や「地上げ」が横行して多くの事業者が神田を去る中、土地の縮小や住居を移しながらも神田での営業を続けてきた。

以上で見てきたように、老舗はその創業期において、交通の中心や大学街形成といった隆盛の時代を見てきた。その中心地に立地した老舗も多い。しかしその後、神田のまちは災害を含む危機を迎える。その中でも、現在残っている老舗は様々な努力のうちに神田のまちに残り続けてきた。老舗はどのように危機を乗り越えて、そのまちに残り続けたのだろうか。

二　神田の百年企業のまちづくり〜企業の地域戦略

(一) 地域に根ざした企業活動

神田における老舗企業の地域活動にどのような特徴があるであろうか。NPO法人神田学会の設立は平成一三年（二〇〇一）。その最初の一歩は、神田にある建設会社・株式会社久保工の発行したタウン誌活動からであった。株式会社久保工の相談役であり、NPO法人神田学会理事でもある久保金司氏が、第一五五回神田学会〈都心トーク二〇〉の内容から、一つの会社の地域貢献活動からスタートした活動のこれまでを振り返るなかで、これからのまちづくりに対する展望を見てみよう。

○久保工の理念「共に咲く」

久保工は、昭和二年（一九二七）に宮大工であった久保氏の父親の久保富蔵氏が棟梁として独立したことで創業した。父親からは、「大工の匠の技」を教わったという。

久保工の転機は、戦後丸紅社長との出会いである。父の大工としての腕前に社長が惚れ込み、丸紅の出入り業者になったことが、久保工発展の基礎をつくった。丸紅社長からの助言は、「そんなに会社を大きくしてはいけない」と言われたことだという。父は、昭和三二年（一九五七）六月一日に会社設立し、大きく発展することになる。丸紅からの注文は当時全体の八五％にも及んだ。当初は、各部門からの工事の業務を受けているだけであったが、その内各部門の隙間にある業務、例えば、あそこをちょっと直して欲しいといったことも細やかに業務受注するようになった。そして、昭和四五年（一九七〇）には、金司氏が社長に就任した。この時期に、周囲からは会社は個人と違うと強く言われ、さらに気持ちを引き締めて業務にあたったという。また、この頃に当時あった司町から美土代町へと拠点を移した。

久保氏は会社において重要なことは経営者も従業員も共に咲くように努めなくてはいけないと言う。特に大工というのは、社内で仕事をするのではなく、現場で仕事をする。社長と同じ姿勢で各人が

図2-2-1：久保工の本社（自社ビル建設前のもの）

現場でお客と向き合わなくてはいけない。そのため、社員教育に力を入れた。日々のあいさつはもちろんのこと、仲間内や家族を大切にするといった倫理観も含めて、様々な工夫をこらした教育を行った。

特に高度成長期、全国の地方から高卒の若者を雇用した。久保氏は、全国の高校や工業高校をまわって、従業員を集めた。こうしなくては人出の確保ができなかったからである。そして、全国から集まった若者たちはみな、それぞれの地方で育ち、文化が全く異なったのを実感し、なおのこと教育が重要だと感じたという。

図 2-2-3：久保工の自社ビル（昭和48年）

○地域がよくならないといけない

久保工は、丸紅からある時大きな仕事を受注した。それは全国にガソリンスタンド五百軒を目標に建設するプロジェクトで、久保工はその関東地区を担当するというかつてない規模のものだった。現場は広範囲に渡り、社内の職人を連れて工事には行けない。現地の職人を雇い、工事にあたるしかない。普段から付き合いのない職人は、受注側も発注側も信頼関係がない中での作業となり、苦労した。しかもガソリンスタンドは、危険物を扱う建築物。安全面を考えて細心の注意が必要だ。そのため、メンテナンスも必要で大変な業務となった。また、この時期には丸紅の社員の住宅も受注するようになっていたが、皆郊外の遠方の住宅のため、これも負担になっていた。

丸紅にかわいがってもらった久保氏であったが、つくったものの信頼を損ねることが最も信用を失うと考え、遠いところの仕事は断るようになった。久保氏が三〇代の時の決断

図 2-2-2：丸紅のガソリンスタンド

であったが、これが地元密着の久保工への大きな転換点となった。そのため地域を拠点に商売を展開するということは自ずと地域がよくならないといけないという考えになっていたと、久保氏は語る。

(二) 地域をつなぐ企業のまちづくり活動

○まちづくりの原点となる活動

久保氏にとって、まちづくりの活動をはじめるきっかけに、青年会議所の活動があるという。いずれ会社を継ぐことになることを見越して、経営者の基礎固めをしようと、清話会の門を叩いたのは二六歳の頃である。そこでさらに青年会議所を紹介され、経営者の仲間づくりに励んだ。当時の青年会議所は二世経営者のいわゆる「サロン」で、六五〇人ほどが参加していた。銀座で飲み歩いて、坊っちゃん同士で仕事を回し合うようなそういう集まりだった。上場前の様々な会社の経営者と知り合えてとても刺激的だった。

しかし、その中でも異質だった前田完治氏と出会い、様々な活動をしていくことがまちづくり活動の原点となっている。前田氏は、久保氏とは同年代で、本郷で出版業を営んでいたが、既に鬼籍に入られている。前田氏はアメリカ帰りの経営学を普及させようとしていて、周囲とは異なる存在だった。そんな前田氏と、調査・分析、計画、実行、評価という今では定着した経営学からまちづくり、地域貢献の活動まで多岐にわたる話をした。前田氏のまちづくりの活動は、老舗の既得権益から甘い汁を吸うというようなものでは決してなく、前田氏の人間性に惹かれたという。

この前田氏との出会いによって、まず久保氏がのめり込んでいったのが、「ゼロへの挑戦。小松川で幼児の死亡事故をゼロにしよう」や「ラブリバーキャンペーン・多摩川に花とメダカを呼び戻そう」といった活動であった。

小松川の交通安全の取り組みでは、交通事故に遭った児童を慰問、作文を書いてもらい、事故について分析。その活動がきっかけとなり、児童の通学に危険だったどぶ川が暗渠となり、こうした取り組みを経て、交通少年団が地元で結成された。

「ラブリバーキャンペーン」では、河川公害が社会問題化していることを受けて、川が忘れられた存在となっていることを問題視した。そこで、多摩川を下流から歩いて調査し二子玉川のあたりで水質が汚れてくることがわかり、子ども達とゴミ拾いをしたり、サイクリングや絵画コンクールなどの活動を展開、打ち上げにと多摩川の中州から花火を打ち上げ、喝采があがった。周辺企業やゴミになっている製品をつくっているメーカーなどにも働きかけた。メディアではニッポン放送がラジオで取り上げて話題となった。すると、東急電鉄や高島屋も活動に賛同、この時から花火大会が継続することとなった。青年会議所の名刺を出すとどこも企業のトップが会ってくれた。

これらの活動は継続して自分たちが関わるのではなく、五年を目途に地元の人たちに活動を引き継いだ。

そして、地域貢献の活動は、久保氏の心を動かし、地域づくりに励むようになった。そして、こうした活動の影響は、久保工の会社のスローガンにもつながっていく。「地域がよくならねば会社はよくならない」「ハートで見つめハートでつくる」などなど。地域活動のフィードバックが企業活動にも表れてくることを感じる時期であり、久保氏も手応えを感じている時期であった。

○地域の情報を集めるタウン誌

青年会議所を母体とした地域活動の次の展開として、久保氏は、神田の住民と企業市民をつなぐ活動をしたいとかねてから考えていた。そこへ、神田駅西口通り商店街の清掃活動をしたいと商店会長から相談があり、久保工も参加して清掃活動をするようになる。この呼びかけに地域の商店は、通り沿いでよく出てきくれたが、町会は行政の仕事ではないかといってあまり参加がなかった。通りを掃除していると、ビジネスマンは「ご苦労さん」と声を掛けてくれるか、知らないふりで通り過ぎるかの二通りだった。しかし、地元のおばさんたちはあいさつだけではなく立ち話で会話するようになった。すると、自然に地域の様々な情報が集まるようになってきた。これが面白かったと久保氏は語る。

ちょうどその頃である。神田にミニコミ喫茶「アクセス」というお店が出来て、通うようになった。全国のミニコミ誌を集める喫茶店をやっていた田浪氏に相談して、地域の情報を集めたタウン誌「内神田通信」を出すことになった。内神田通信は、昭和五二年（一九七七）七月に創刊した。最初は五〇〇部。掃除で知り合ったおばさんたちの情報がつまった創刊号となった。内神田通信を読んでくれた神田のビジネスマンから感想も聞くようになった。すると、次回から情報を寄せてくれるようになった。こうして、内神田通信は地域の人の多くの情報を載せたタウン誌となっていった。内神田通信は、その後翌年の昭和五三年七月、五号続いた後に、内神田の範囲にとらわれない情報が集まってくるようになったこと

図 2-2-4：「内神田通信」から「神田っ子」への移り変わり

を受けて、範囲を神田全域に広げて、「神田っ子」と改題される。内神田から神田へと範囲を広げると想像以上に広く、また、四〇〇年の長い歴史を実感するようになった。

この時期に、郷土史家の喜多川氏に誘われて、船に乗って神田川を周遊した。神田川がこのように周遊できるなんて知らなかった。当時はまだ「おあい船」も行き来しているような状況だった。神田の川についてこれまで自分は意識していなかったことに気がついた久保氏は、「ラブリバーキャンペーン」での経験を思い出し、「神田川は遺産だ」というメッセージを打ち出すようになる。まずは、神田川をきれいにしよう。そこで、神田川を舟で下るというイベントを企画した。「神田川をきれいに・未来のオアシスにする運動」の始まりである。毎日新聞にイベント掲載の依頼のはがきを出した縁で竹田令二氏と知り合った。毎日新聞は神田川沿いにあるが、川は臭いし、そんなところでやるなんて、一行記事じゃすまないだろうと、竹田氏が思ったところから久保氏との付き合いがはじまったという。

タウン誌を出していると色々な情報が集まるようになる。ここからは、久保氏が思い出深いと語るものを取り上げていくことにする。神田サウンド・スケープ研究会や神田川祭では、鳥越けい子氏と水上コンサートを企画するなど、神田川について、様々な活動をしてきた。バブル経済でまちの心の拠り所となる風景や居場所がなくなってきた時代、看板建築がなくなっても、ラーメンのチャルメラはきちんと聞こえる。音風景から身近な風景を考えたいと考え活動したという。

図 2-2-5：神田川を船で下るイベント

ＹＭＣＡの百周年事業の相談を受けて、神田川の清掃活動、障碍者と共に踊るダンスの企画、映画会や毎日新聞社とＮＨＫとコラボしたちびっこコンサートなどの活動をＹＭＣＡとともに行った。これらの活動はＹＭＣＡの活動として現在も多くが継続事業として展開している。

川に対する関心はさらに強くなり、上流へ遡りながら歩いていく企画を行い、水がどこから流れてくるのか調べた。そして、水源の吉祥寺までたどり着く。吉祥寺の本当の水源からの水はごくわずかであった。下水が神田川に流れ込んで下流の水量になっていたのである。汚いはずである。このことに気がつき、行政にも協力してもらい、河川の水質改善事業を五年前倒して企画していたが、祭の一〇時期神田川祭というものを地域の企業のお祭りとして企画して実施してもらった。この日前に皇居に不審物が打ち込まれる事件があり、中止となり、幻の祭となってしまった。今やってもきっと時代が応答する良い祭になると久保氏は言う。他にも神田川トライアスロンなども参加した。

「神田っ子」の表紙は、一から三号がマンガだが、ある読者からの感想で「神田はそんなイメージではない、まちに素晴らしい風景があるではないか」と言われ、四号からその後の後継誌でもある「ＫＡＮＤＡルネッサンス」では一貫して神田のまちの風景が表紙となった。風景の表紙を描くのは画家であり、建築家の木下栄三氏である。

（三）まちを愛し、まちに学び、まちをつくろう

○時代の大きな変化の中で神田学会を立ち上げる

バブル期に入ってくると、神田も東京の都心一等地として地価が高騰し、地上げが進行するようになる。時代が、都市再生の時代へと突入していったことを感じるようになった。久保工では、バブル期の都市の大変動中で、小規模なビルで経営している企業の相談を受けていた。「地上げの中で、土地を売ってはだめだ。」「ビル化しても上に住めばいい。」「自分たちが住めないのならば誰かに住まわせて、神田から住むという基本的な機能を失ってはいけない」と言い続けた。これまで久保工の社内でも、それまで久保氏が単独に近い形で行っていた地域活動に社員が目を向けるようになってきた。「神田っ子」を昭和六〇年（一九八五）に第二二号で休刊していたが、社員とともに新しいタウン誌をつくろうということになった。「まちを愛し、まちに学び、まちをつくろう」というメッセージで「ＫＡＮＤＡルネッサンス」を、昭和六二年（一九八七）四月一日に創刊する。

オフィス人口が増え、急激に変化する神田を、どのようにしたらより調和のとれた住みやすい街として形成していくことができるだろうか。地域の人たちと一緒に勉強しようという主旨の元で始まった勉強会がきっかけで神田学会が発足した。このとき日本大学で建築学を専攻していた望月照彦氏（多摩大学）と駿河台のおでん屋で出会い、意気投合したことがきっかけとなった。この神田学会という名称は、望月氏が名付けた。発足当初は一〇人程度の集まりであったが、大学

図 2-2-6：KANDA ルネッサンス 104 号表紙

教授や在住者を講師に招き、神田のまちづくりの現状、問題点、未来構想についてディスカッションを重ね、その数は今日まで一五〇回を超えている。

「KANDAルネッサンス」は、様々な切り口で、多角的に街の可能性を見つめ、「神田学会」での講演内容等も掲載し、多方面のまちづくり活動に啓蒙的役割を果たしている。ここでのタウン誌発行の実績はさらに神田関連書籍を多数出版することにつながっていった。これまでに神田学会では、昭和五七年（一九八二）に『写真集「神田」』、昭和六〇年（一九八五）『絵本「かんだ彷徨《うろうろ》」』、平成元年（一九八九）『写真集「粋と絆」』、平成四年（一九九二）『神田宝さがし』、平成八年（一九九六）『神田まちなみ沿革図集』、平成一二年（二〇〇〇）『写真集「東京まんまんなか」』と計六冊の書籍、写真集を出版してきた。これも多様な執筆に関わってきた神田の異能の持ち主が集まり繋がる中での成果であった。

三菱地所が丸の内のマンハッタン計画を出して、千代田区は大いに議論を呼んだ。このことがきっかけの一つとなって千代田区に景観審議会が設置された。この動きを行政で支えたのが小藤田正夫氏だ。そして、景観審議会の区民委員として久保氏は参画。そこで東大の西村幸夫氏と知り合い、神田のまちづくりに合流することになる。また、都市計画部長であった千葉氏は、多町の地区計画案として人が住むまちというコンセプトを大事に地域のまちづくりを応援してくれた。

○NPO法人として活動をさらに展開する

そして、平成一三年（二〇〇一）、地域につながった人の輪をより強固かつ柔軟な太い輪にするため、公益性を持たせNPO法人として新たなスタートを切っ

図 2-2-7：神田学会の NPO 法人設立記念シンポジウム

た。NPO法人化を受けて、神田学会では、「環境」「文化」「情報」の三本柱で活動を発展展開させてきた。

「環境」では、「緑あふれる街と生活を考えよう」として、イベントや講演会を通じて地域と緑で繋がれたご縁を大切に育て、ヒートアイランド現象対策を含め、都市の環境保全に対する意識向上をはかることを目標に掲げている。「文化」では、「後生へ継ぐ、町の文化・歴史・魅力を発信しよう」として、「KANDAルネッサンス」の発行を通じて、地元住民はもとより在勤者に街の文化・歴史を知ってもらい、街の新しい魅力を発見することにより、これからの神田を考えることを目指している。「情報」では、「人の輪を大切にし、時代に合った情報を提供すること」を目標に、これまでの勉強会を位置づけ、都心に住む魅力と問題点、そして情報化社会が進む中で今後街はどうあるべきか、バランスの取れた衣食住環境を構築するためには何が必要なのか等々、バラエティに富んだ企画で学識者や地元住民、在勤者との意見交換・親睦を深める勉強会を開催している。この多様なテーマ設定が、神田の魅力を深掘りし、また多くの地元企業や地域住民の関心を惹きつけ、人と人とをつなぐことに成功していると言えるだろう。久保氏は、「街とは、人が行き交う十字路であり、人が出会う・互いを育む舞台」であるといい、神田学会ではこうした人のつながりづくりを大事に活動してきている。

他にも、安田不動産五〇周年記念には、「街角に彫刻を!」として、文化事業として企業の玄関や公開空地に彫刻を置く活動ももうひとつのまちづくり活動と

図 2-2-8：久保工前本社ビルと藤棚

図 2-2-9：街角に彫刻を（安田不動産 50 周年記念事業）

して、推進してきた。思い出深いのは、神田神社の恵比寿像で東京芸大の宮田亮平氏に作ってもらうことができた。このように企業活動に大学を巻き込んで、地域の人に楽しんでもらうアート作品を展示する活動は、当時としては他にはない、ユニークな活動だった。

他にも企業や大学、地域との協働では、三菱地所からの提案で百年後の都市の暮らしを考える『彼らが夢見た二〇〇〇年』プロジェクトや、博報堂からの提案があった「甦れ天下祭り」研究会を発足させるなど、様々な活動を展開した。「甦れ天下祭り」では、平成一五年（二〇〇三）に江戸開府四〇〇年、一三〇年ぶりの曳物《ひいろ》に協力した。この活動は調査を八年前から始めるほどの入念な準備に基づく大プロジェクトだった。東京芸大の学生がつくった「ひいろちゃん」という山車は、その後新しい時代のお祭りの先駆けとなっており、以降、附け祭で様々な山車が作られ、盛り上がるきっかけとなった。他にも研究会名を挙げるだけでも「都市の夢探険隊」、「モダンと粋の〝わ〟フォーラム」、「公共の色彩を考える会」と協働した勉強会など様々である。まちの図書館構想では、千代田区の五大学と連携して、本と街の案内所開設し、「神保町を元気にする会」発足した。

神田学会では、本書に連なる活動として、平成一七年（二〇〇五）八月から、老舗百年企業の魅力を紹介するＷｅｂコンテンツとして、百年企業のれん三代記の連載を開始した。神田で三代以上ののれんを守ってきた老舗に着目して、初代から現在に至るまでの歴史を写真と文章で紹介する好評の企画である。平成二九年（二〇一七）四月現在までに、四九社が紹介されているが、まだ全部を網羅することはできない。また、この連載と連動して、神田学会の都心トークでも三社の

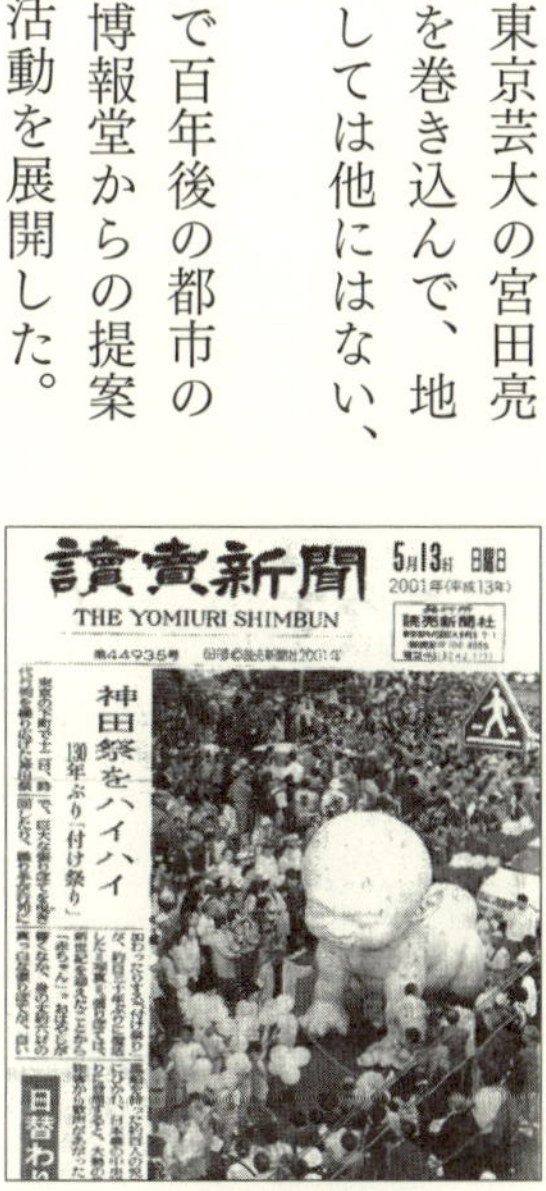

図 2-2-10：神田祭の曳物

老舗にテーマごとに集まってもらう講演会のシリーズも大変好評である。

○神田学会のこれから

久保氏は、今は、八〇歳になって神田学会副理事長の立場をかんだやぶそばの堀田氏にバトンタッチしている。そんな久保氏と久保氏が築いてきた神田学会について、堀田氏はこう評する。「久保さんは、銀行のゴルフ後のパーティで内神田通信を配るような人です。役所的にはオーソライズが必要になるが、一方の神田学会はニュートラルに活動を続けてきて、神田学会が地域のプラットフォームになってきた。NPO法人になったのは平成一三年（二〇〇一）だが、その前の任意団体の段階から着々と足場を築いてきた。久保さんはずっと黒子に徹してきた。これは、私の助言で、『なるべくまちづくりの活動をするときに、表だって久保工の看板を出さない方がいいよ。』と言ってきたからでもあり、久保さんを表に出さないように私が蓋をしてしまった感じもある。しかし、それでニュートラルに見られていることもあるかもしれない。日本橋には日本橋倶楽部があって、あの地域の旦那衆が集まるサロンがあるのでそこで意見集約ができる。しかし、神田にはそういうのがなかった。サロンではないが、郷里を愛する、まちの将来を考える。そういう意味では神田学会は、同志的な結合で結びついていると言えるだろう」。

久保氏は照れくさそうに「色々な応援団がたくさんいて、その皆さんのお陰です。」と語る。

三　働くまち、住むまち、神田～地域と商売との関係

（二）データから見る神田〜働くまち、住むまち、神田

ここまで、神田に特徴的な老舗企業の集積とその変遷に関して述べた。多くの丁稚さんが神田の老舗企業で働き、そして神田の町に住んでいた。二年に一度の神田祭は町人達によって大いに盛り上がった。神田は暮らすまちであり、そして働くまちだったのである。

○人口データから見る神田

古くから職住近接のまちとして栄えてきた神田は、都市化の流れを受けて働くだけのまちへと変化していった。神田は東京駅近接のオフィス街・大学街となっていったのである。

図２―３―１は国勢調査より千代田区および神田（旧神田区の範囲）の昼間人口と昼夜間人口との比の推移をグラフで示したものである。千代田区全体において、一九六〇年から一九九五年にかけて昼間人口はおよそ一・五倍増加している。また、昼間人口の増加以上に夜間人口が減少し、昼夜間人口比はおよそ五倍の値になっている。一九九五年以降は昼間人口が減少し、また夜間人口が増加したために昼夜間人口比が大幅に減少している。このことから一九九五年までは千代田区で全般的に働くまちへの転換が生じ、近年では再び住むまちへの転換が起ころうとしていることがわかる。しかしながら、現在でも昼夜間人口比が高く、千代田区はいまでも働くまちであり、神田に絞っても同様の傾向が読み取れる。

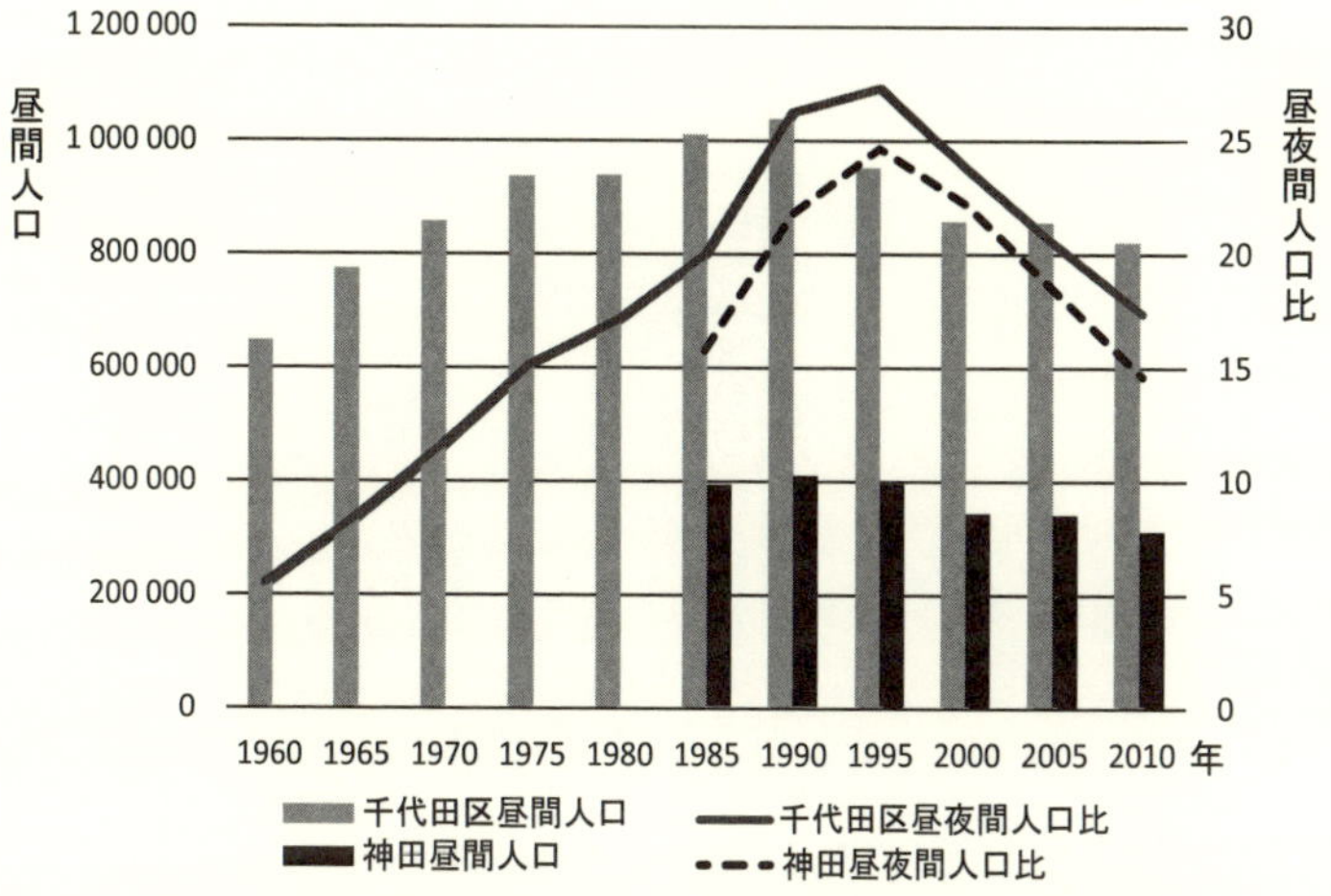

図 2-3-1：千代田区と神田の昼間人口および昼夜間人口比（出典：国勢調査）

○生活施設の減少

神田が働くまちへと変貌したことで、神田の町には多くの変化が起こった。

図2－3－2は、神田における浴場、理容・美容室、クリーニング施設の店舗数変遷を千代田区商工名鑑に記載されている事業所数をカウントすることにより表したものである。ただし、二〇一四年の事業所数はタウンページのホームページよりカウントした。これらの施設は一九五一年から一九六〇年にかけて多く神田に存在しているものの、現在ではその数は非常に少なくなり、特に浴場は一九五一年の二八店に対して現在では三店のみと、一〇分の一ほどになってしまった。浴場や理容室・美容室、クリーニング店は生活に密着したサービス店であり、これらが神田の町からだんだんと姿を消していることから、神田の「住むまち」としての機能が失われていったことがわかる。

○住居表示の変更

神田ではしばしば町名の表記や区分が変更されてきた。かつては関東大震災後の区画整理に伴う表記変更や、一九四七年の麹町区と神田区との合併・千代田区の発足に伴う表記変更等が行われた。また、近年では、住居表示に関する法律に基づき一九六四年から一九八〇年にかけて実施された住居表示により、神田の町名や区分が大

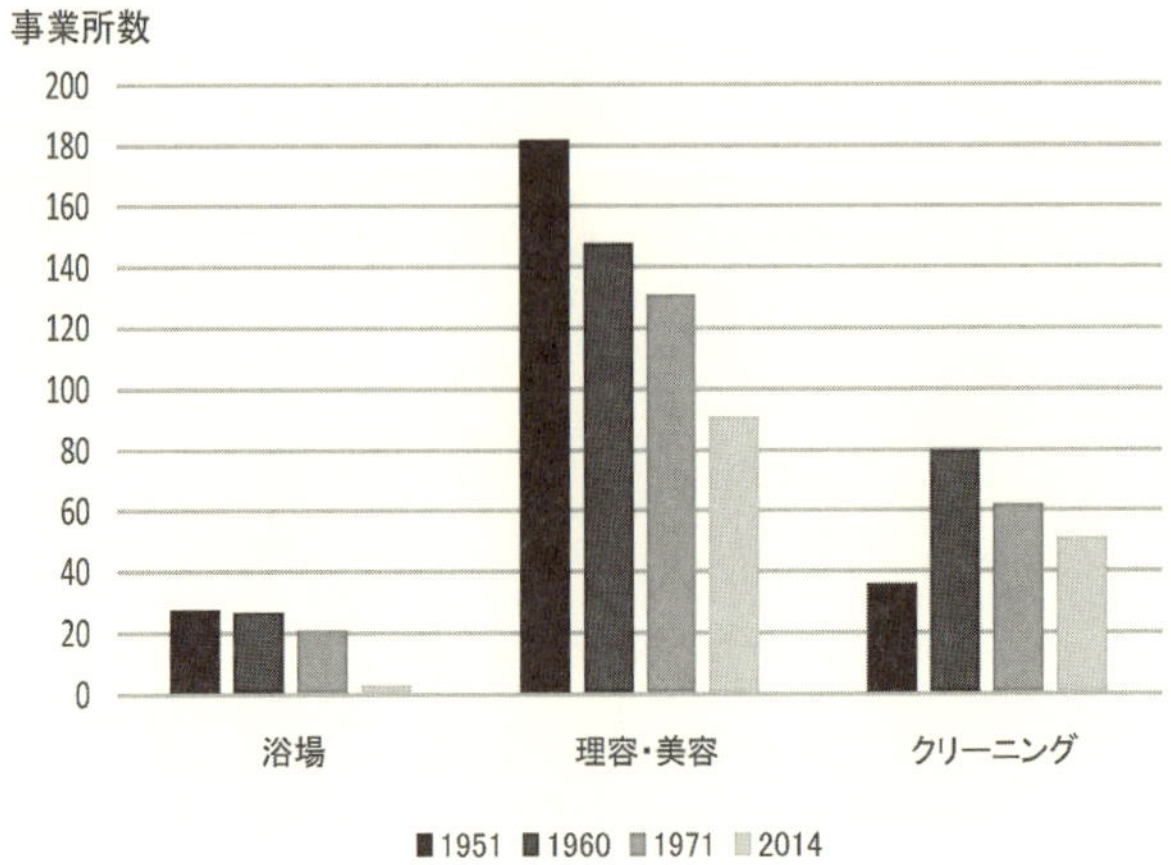

図 2-3-2：神田の業種別事業所数（抜粋）（出典：千代田区商工名鑑）

きく変更された。

図２－３－３では、住居表示実施による町丁目域の変化を示している。これによると、現在の東神田、西神田、外神田、内神田のあたりで多くの町丁表記や区分が廃止されていることがわかる。このように、神田を冠した町名が廃止されてしまったり、旧来の領域とは異なる町丁域に変更されてしまったり、旧来の神田に住む人々に馴染んでいた旧来の町丁の多くが、現在では異なるものとなってしまっている。

○小学校の統廃合

神田では、居住人口の減少や少子化に伴い、もともとあった小学校の多くが統廃合され、子どもたちのコミュニティにも変化を及ぼした。図２－３－３は、もともと神田にあった小学校と、現在の小学校および学区を示している。これによれば、現在の神田では四つの小学校が残るのみとなり、学区が拡大していることがわかる。

○町会区分

図２－３－３では、住居表示や学区に関する情報

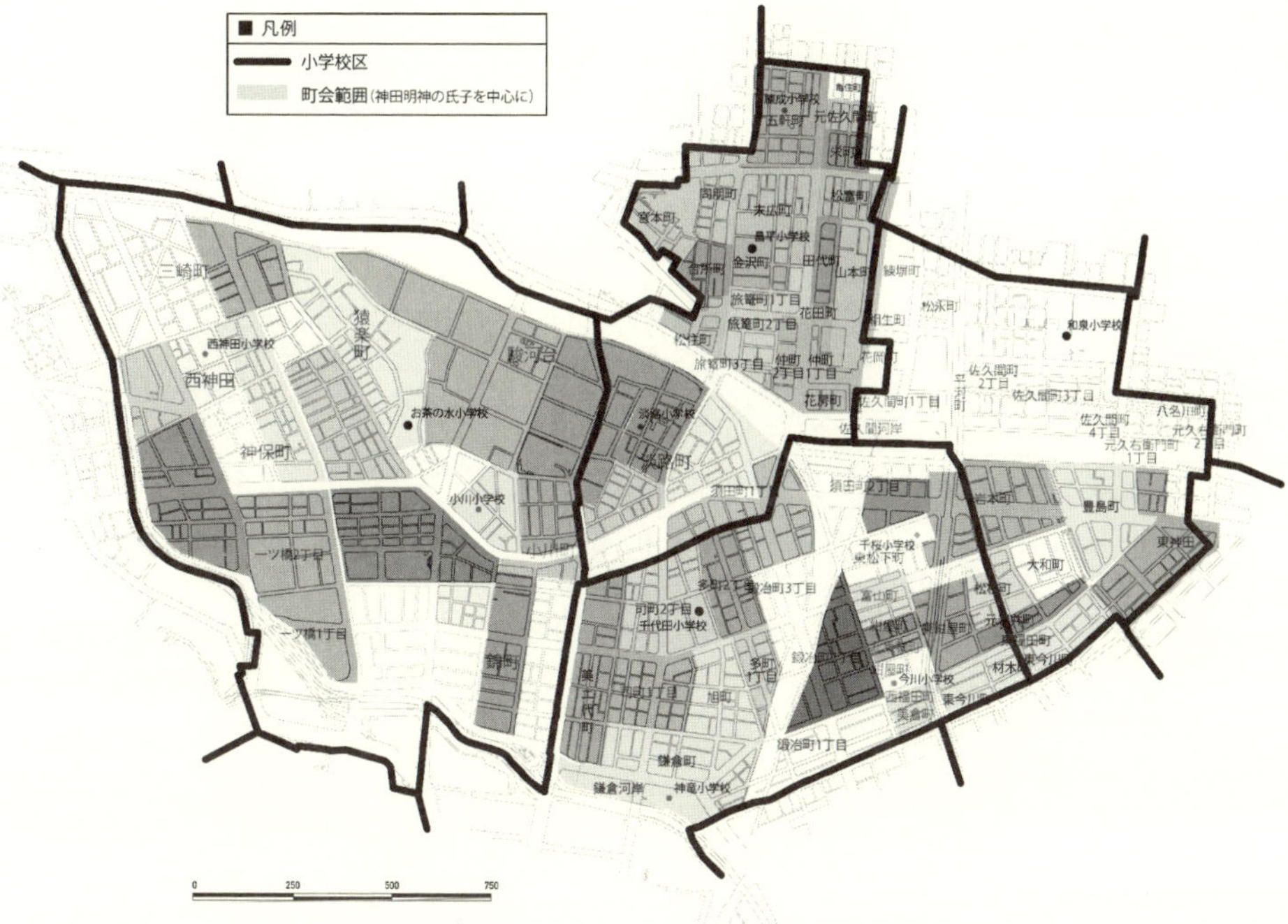

図 2-3-3：神田の小学校区域と町会域

以外に、現在の町会の範囲を示している。この町会範囲と住居表示実施以前の町丁区分を比較すると、現在でも住居表示実施以前の町丁区分に基づくコミュニティが存続していることが分かる。これらの町会はもともと氏子の範囲を基本としているため、神田祭では基本的にこの町会区分を中心に神田に住む人々が集まり、そして祭りを楽しむのである。

このように、神田に住む人々のネットワークは厳しい状況にあるものの、神田の町会は昔の町会区分を基本としていまもなお機能しており、逆境にありながらも、昔から続く神田に住む人々の地縁のようなものが維持されている。

(二) 暮らすまち、神田の都市空間

神田は路地のまちだ。車の来ないヒューマンスケールの空間は常に神田に住む人々に開設されている。自由度の高い空間が都市内に残されていることにより、路地を生活空間として利用しあう流れがうまれる。たとえば植木鉢を置いたり、みちにチョークで書いてゲームをしてみたり。またハレの日においても路地は重要な意味を持つ。例えば納涼会で道路を封鎖して宴会を開くことは、道路が重なり合う空間に路地のアクティビティを染み出させ、ポケットパーク的に用いている動きといえる。

○神田の地形

神田の地形について概観を述べておこう（図2－3－4）。皇居の東側は主に低地であるがこれは江戸時代に埋め立てによって造成された土地で、現在の丸ノ内や有楽町のあたりは、埋立前まで神田川の河口の入江があった場所である。神田の北側を流れる神田川は、元和六年（一六二〇）に平川や旧石神井川の放水路として掘削されたのがはじまりである。

その後万治三年（一六六〇）に、舟運用の水路として、柳橋から本郷台地を掘削して現在の神田川がつくられる。御茶の水のあたりが渓谷状になっているのは人工的に堀割をつくったからである。この時発生した土砂は、江戸の低地の埋立に使われたという。

これらの地形を江戸時代の土地利用と照らしてみると、丘の上では武家地などに利用され、丘の下では町人地に利用されるなど高低差を巧みに活かした土地利用をおこなっているのがよくわかる。

地形との呼応では、神田明神の立地についても着目しておきたい。創建は天平二年（七三〇）という神田明神は、神田という地名の由来でもある。神田明神は、元々は千代田区大手町の現在の将門塚の周辺にて創建されたという。関ヶ原の合戦に戦勝祈願した徳川家康は、当時神田祭を行っていた九月一五日に勝利したため、神社を厚く崇敬するようになった。以降慶長八年（一六〇三）年に江戸幕府が開かれ、江戸城の拡張工事が始まり、神田明神は、駿河台に場所を移すことになる。さらに、元和二年（一六一六）四月に江戸城表鬼門守護の場所にあたる現在の地に移転した。幕府が社殿造営するなど江戸の

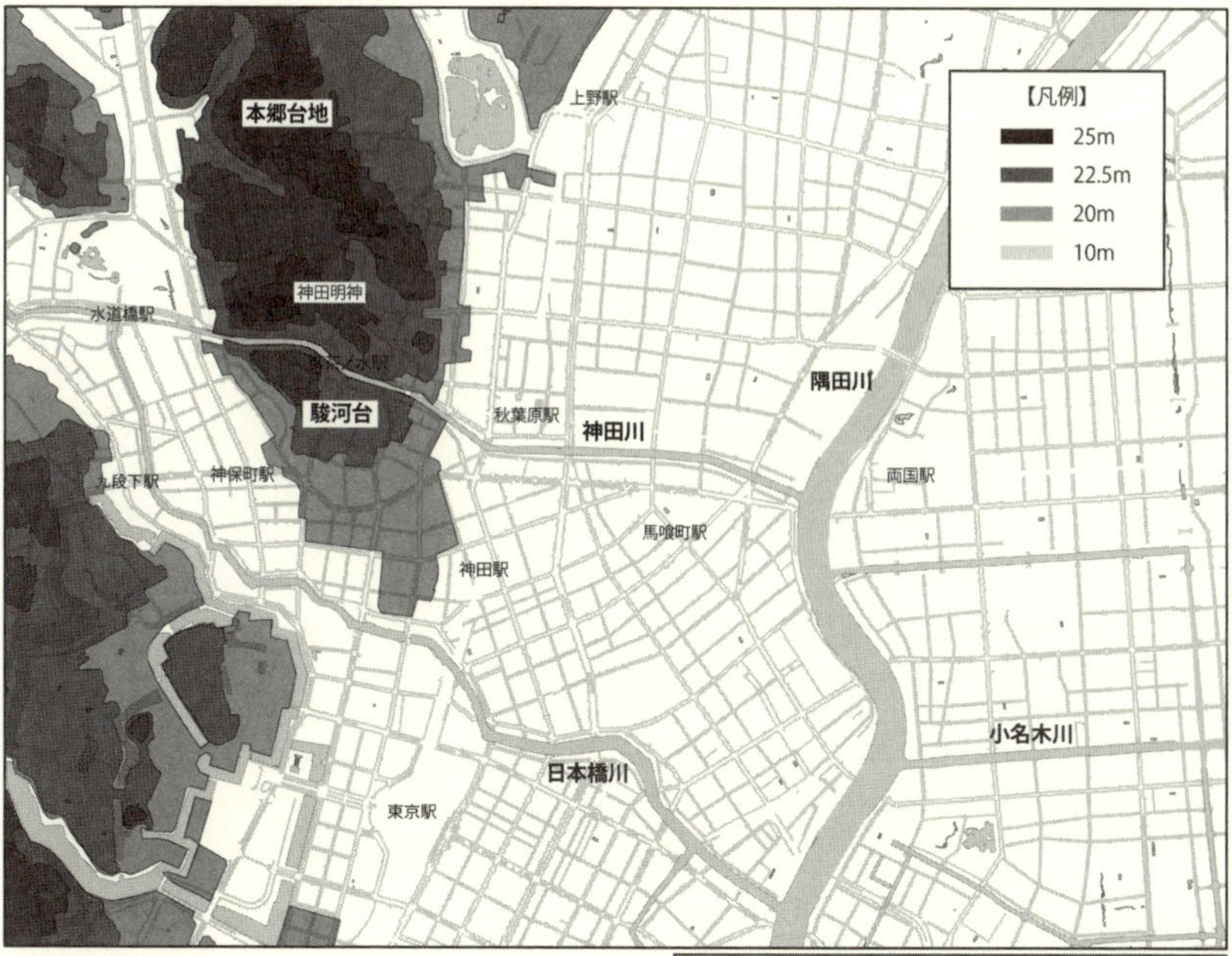

図 2-3-4：神田の地形図

守護として、立地上も重要な場所に移され、神田をはじめとする一〇八町が氏子となり、町を守り、地域住民からさらに信仰を集めるようになる。

○**路地の分布**

図2－3－5は、平成二二年度ゼンリン住宅地図から四m以下の道を路地として抽出したものを、神田の地図上に示したものである。なお、四m以下かどうかの判断が困難な道は、Googlemap上で可能な限り確認した。オフィス街としての神田、大学街としての神田と変わってしまったものの、神田にはまだ住む人のための路地が多く残されていることがわかる。

もう少し細かく路地を見てみると、駿河台辺りは大学などの土地利用が多いためか、路地は少ない。また、錦町三丁目町会と一神町会は、路地が少ない地域なっている。現存しているこれらの路地は大きな道路に分断されてしまう可能性や、路地をまたいで建てられる建物によって消滅してしまう可能性がある。

図 2-3-5：木造建築と路地との関係性

○神田職住一体建築の変遷　形態と暮らしの変化

神田における商店建築を読み解くには、江戸時代の町家建築まで遡る必要がある。町家とは通りに面した職住併用住宅のことで、その都市建築形態の系譜を辿ることは、都心居住の在り方を辿ることになるといえるだろう。よく「江戸時代の町並み」という言葉を耳にするが、町家には大きく分けて三つの形態が存在する。突き出た桁が特徴的な「出桁造」、分厚く土が塗られ防火性の高い「店蔵造（土蔵造）」、そしてその土の厚みが薄いと「塗家造」となる。当時は町家や裏長屋の狭い空間に、家族や使用人ら大勢で同居していた。

明治期に入ると、銀座煉瓦街等を見本とした洋風建築が建てられ、町並みは大きく変貌していく。大きく変わるのは一九二三年関東大震災後である。そして、洋風建築の系譜の他に、関東大震災の焼け跡に自然発生的に建ったバラック建築の文脈を踏んだ昭和初期の商店建築が、藤森照信氏が命名したいわゆる「看板建築」である。これは表通りに面した店舗部分のファサード（＝表面）のみが洋風建築を模し、それ以外の店舗・住居部分は従来の町家の建築形式となっている。『東京人』（一九九五年）で大嶋信道氏は、戦前のものを「前期看板建築」（藤森氏はこの震災後のもののみを看板建築と定義しているが）、戦後のものを「後期看板建築」と整理している。この前期看板建築は平入りで銅板等の素材で飾られ意匠も凝ったものが多いのに対し、後期看板建築は戦後の貧しい時期にできたため、妻入りで簡素なモルタル造りが多いのが特徴である。現在東京で見られるものはほとんど後期看板建築だが、神田（特に四章で後述する多町）には戦前の看板建築もまだかろうじ

図 2-3-6：神田多町の銅板看板建築、サカエヤミルクホール

て残っており、往時を偲ぶことができる。戦後にかけて家族の在り方も大人数から核家族へと変化していく時期にあり、看板建築を含めた職住混在の建築には、大人数が起居を共にする住機能が残っていた。

その後、ある種の江戸時代から続く町家の間口幅を維持して建て替えられた看板建築は、ペンシルビルへと変化していった。郊外に居を構える家主も出てきて、職住が近接していた都心居住の在り方は大きく変化した。

東京では震災や戦災による焼失や繰り返される都市更新のため、江戸時代から残る伝統的商店建築はほとんど残っていない。しかしその当時の小さな間口の幅の名残を残す建築物や街並みは、今も都内各所の通り沿いで見つけることができる。

まだ神田には多くの木造建築が現存している。前掲、図2−3−5で示されている建物は木造建築である。この図を見ると、多くの木造建築は現存する路地沿いに多く存在していることが分かる。古い木造の建築物が路地沿いに立ち、路地と共にそのまま残っている様子が伺える。このことから、路地には住むまちであり、働くまちであった神田の雰囲気が残されている可能性が高いと言えるだろう。

図 2-3-7：神田の戦災焼失地区

○戦後と現代の狭間に神田の個性的な自社ビル

神田に見られるレトロな緑の銅板看板建築。その後の建築はどんなものがあるだろうか。続いて、ここでは「ポスト看板建築」ともいえる個性的な自社ビルに注目して、暮らしの現代化を考えてみよう。

神田を歩いていると目に入るレトロな建物、看板建築。木造二階建てから三階建てで、建物正面に銅板でデザインされた飾りのついた商店建築である。関東大震災後の焼け跡から誕生した看板建築は、神田のあちこちで建築された。しかし、東京大空襲はこれらの建築の多くを灰燼に帰した。神田も地域によっては焼け残った街区もあり、そこではまだ戦前期に建てられた看板建築が残っているのである。しかし、これらもバブル期にその多くが姿を消した。

ここではこの看板建築のそばにある、普通の業務ビルと思しきビルに着目したい。しかし、よく見ると窓の配置やタイルのデザインなどこだわりも神田の特長のひとつである。戦前は看板建築などで職住一体となった商いを行っていた老舗が、戦後にビルを建てた。これによりオーナーと従業員の住むところが分かれ、オーナーは自社ビルの最上階、中層階に従業員、一、二階を業務スペースとするようになり、敷地は概ねそのままに立体化した。そのため規模はそれほど大きくなく、ある種の町家が立ち上がったようなイメージとでも言えようか。

また自社ビルは、働き方や住まい方にオーナーの意向が出るため、そこここに工夫が見られ、味わい深い表情をしている。特に神田でも姿が減ったが、一九五〇年代くらいまでの窓のサッシュなどの建築材料が工業製品として規格化する前のものは、窓枠などの造詣も一点一点デザインされた特注品となっている。これが当時は当たり前だったのだ。看板建築も戦前期から戦後昭和の神田のまちの生き証人であるが、戦後自社ビルもまたその弟分である。特に家族経営だった老舗企業が高度成長期に向けて事業規模を拡大しながら、働き方と住まい方を変えていった過渡期を今に伝える大事な要素といえそうだ。神田には常に昔を今に伝える古いものとそれらを変えてよりよくしようとする新しいものが共存している。

(三) 老舗が語る神田・まちの地域と商売のキーワード

老舗の方々にインタビューをさせて頂く中で拾い集めた神田のまちのキーワードと、そこから焦点を当てたものをいくつか紹介する。ここから老舗と神田のまちやひととの関わり方、そして神田のまちやひとの魅力を感じてもらいたい。

○「近所付き合い」

「下町らしい近所との密な付き合いが見られるまちだった。江戸時代の隣組の組織がしっかりしていて、その名残か、隣近所の付き合いは昔は密だった。お総菜が余ると隣にお裾分けをしにいったりということもあった。電話も貸し借りしていた。そのお礼に、一年の末にお菓子でも持って行った。戦争中を境に、(こうした関わりは)だんだんなくなっていった。(談)」

神田に限ったことではないが、近所付き合いはどのまちでも希薄になってきている。生活スタイルが変わってきているため、これの流れを大きく元に戻していくことは困難である。しかし、老舗は今も地域のお客を相手にしている商売では、日常的な挨拶などのやりとりを通じて、近所の状況に目を配っている。こうした日常的に地域に目を向けていることで、多くの発見があり、それが地域の貢献へとつながるきっかけとなっている場合もある。

○「ノブレス・オブリージュ／ローカルプライド」

「地域を背負っているという責任感や愛着から神田に対して地域貢献をしていこうと考えている。接客業だと、お客さんが来るということは車や人が入ってくるなど、地域に負荷もかかっている。それで利益を得ているが、地域に利益が落ちていないという考え方もしている。地域との関係を密にしていこうと考えている。（談）」

地域の中で、長く商売を続けていると見えてくるものがたくさんある。自分の商売がそのまちに立地していることで儲かっている部分と自分の商売が地域に負荷をかけている部分と両方が見えてくる。地域を盛り立てられないといずれは、自分の経営にも跳ね返ってくることを肌身で感じているのだろう。長く続く老舗ほど謙虚で、地域との関わりを大切にしているということがある。地域貢献と自社の持続性は対で考える企業もある。ある老舗は、「ノブレス・オブリージュ」と語ったが、これは社会的なステータスというだけではなく、老舗の生き残りの戦略でもあるのだろう。そうして築き上げた地域の老舗同士のヨコの連携が神田に対するローカルプライドを育んでいる。

○「職住近接」

「一昔前は家族だけでなく従業員も店の近くに住んでいた。店の中に住んでいた場合や、別に寮があった場合もある。最近はほとんど通いで事業主も通いのこともある。」「生まれた時からお店の裏側に住んでいた。基本的な商売の形だった。…（中略）従業員はみんな男女問わず住み込み。最大三〇人くらい住んでいた。店の裏の家で、早い時期には店の畳のところで寝起きもしていたが、裏に作るようになった。通いになったのは高度経済成長の時。（談）」

神田は元来町人地で、江戸時代の商業者も、日本橋のような大店というよりは中店、小店が多く立地している場所である。職人もまた多い。そうした働く人々が職住近接、もしくは職住一体の暮らしを続けてきた。神田の都市生活のスタイルの基本はここにあると言ってもよい。しかし、戦後以降、一度はこうしたライフスタイルは崩れていき、郊外の住宅地から通勤するスタイルが増えた。近年、都心回帰を狙ったマンション建設を誘導した住宅政策などで新しい職住近接の層が流入してきている。老舗の中には変わらず、神田で職住一体の生活を続けている人々が多くいる。彼らのライフスタイルからもう一度神田の都市型の生活文化について再考することが求められているのではないだろうか。

○「見栄とやせ我慢」

神田っ子の特徴に「見栄とやせ我慢」がある。地域や近所にいい顔したいという気持ちと、そのためにはちょっとぐらいの我慢もして、いいことも進んでする。その代わりにそれがまた大変だったしても、そんな素振りはなるべく見せない。お互い様の精神で暮らすのが下町気質のいいところ。（談）」

神田祭と聞くと、かーっと燃え上がる神田っ子。見栄を張って、粋なところを見せたい気質、人助けであればがんばってしまうやせ我慢な気質。どちらも神田の老舗の話を聞いていると、随所に見えてくる。商売人としての堅実さはそれぞれ備えているものの、そこに留まらない人間的な魅力に溢れた人が多いことも神田老舗の特徴の一つと言えるかもしれない。

（四）これからの神田の都心居住を求めて

○これからの都心居住

神田らしさの一つを「神田は、住むまちであり、働くまちである」とするならば、今後の都心居住を再考することが、神田らしさを引き立てるひとつの鍵になると考えられる。神田らしさには、都市化の流れの中でも魅力ある都市空間を維持することのできる力がある。働くまちとして変化していった神田においても、氏子や町会の区分を基本とした人々の強いネットワークがある。また、路地が広範囲にわたり分布している。路地は住む人のための空間としてかつて機能しており、そしてその機能は未だ残っている。これら人々のネットワークの強さや、数多くの路地、そしてかつて職住近接のまちだったという神田の歴史が、今後の神田における都心居住を支える可能性がある。今後はさらに路地などの空間資源を活かした都心居住の可能性を探ることが重要になるだろう。

第三章　百年企業の生き残りの戦術、ドラマ

横丁から路地（須田町一丁目付近）（写真集「神田」より）

本章は老舗百年企業についてこれまで神田学会で継続して行ってきたインタビュー記録「百年企業のれん三代記」を元に、老舗企業が語った様々な事柄を、老舗の知恵と経験としてまとめなおして、家族経営を基本としながら地域に根ざした活動についてまとめていきたい。神田学会ではこれまでに「百年企業のれん三代記」にて、四七社のインタビュー記録をＷｅｂで公開している。*

一　それぞれの企業の生き残りのドラマ

老舗が老舗と呼ばれる所以は、これまでの長い歴史を継続してきたからに他ならない。そこには生き残り続けるだけの理由があるはずであり、各局面でのドラマがあるはずだ。本節では、老舗の企業から危機的状況を切り抜ける局面などから老舗に共通する側面を考えてみたい。

＊掲載情報は、インタビュー当時のものを用いています。

（一）神田発、神田での起業とそれを支えるまちの土壌

○江戸時代創業の老舗

神田にはたくさんの老舗が集積している。しかし、そもそもなぜ神田に多くの老舗が集まっているのか。ここでまず一つ目の想像がめぐる。それは全国どこでも創業のきっかけはあるだろうが、東京神田で創業する企業は、細く長く営業が継続し、老舗化しやすいのではないかということである。それを解明するためにまずは神田での創業のきっかけについて考えてみる。

現在の東京のような巨大都市ができるきっかけは、まずは江戸幕府の開府による多くの人口の流入である。江戸時代に全国から集まる人の中で、創業した老舗たちをまずは追ってみよう。

神田の最古参である酒の豊島屋本店は、慶長元年（一五九六）関が原の戦の四年前が創業である。関東に国替えになった徳川家康は、江戸城の拡張工事のために、鎌倉から大量の材木や石材を運んだ。その荷揚げ場になっていた現在の神田橋近くの鎌倉河岸で、初代豊島屋十右衛門が酒屋兼飲み屋を開いたのが始まりだという。家康による江戸の都市拡張・都市建設の時代からの神田との付き合いである。ちなみに屋号の豊島屋は、地名の豊島郡《としまごおり》柴崎村から付けられた。まさに、神田発の老舗である。

他にも、ルーツは神田発ではないが、地方から出てきて江戸で創業した企業を挙げると、けぬき寿司は元禄一五年（一七〇二）に越後の新発田出身、明和六年

図 3-1-1：『江戸名所図会鎌倉町豊島屋酒店白酒を商う図』（図版提供：豊島屋本店）
2月末、店頭で雛祭りの白酒を買う大勢のお客で賑わう様子が描かれている。

（一七六九）創業の和菓子の神田松永町の松屋は、伊勢の和菓子屋で修行していた初代松屋伝兵衛が江戸で創業した。

筆などの筆記具の株式会社玉川堂の創業は文政元年（一八一八）。現在の店は神保町三－三で靖国通りの南側にあるが、創業当時は現在のホテルグランドパレス左側の飯田町中坂に店を構えていた。江戸時代は、今日の靖国通りの九段坂よりも中坂のほうが町人町として賑わっていたという。創業地と現在地の動きの中には、都市の重心の移動が見えてくる。

また、山形屋紙店は武州八王子横山町に生まれた俵次郎が、江戸への奉公から独立して明治一二年（一八七九）神田神保町で独立して創業した。神田はこのように多くの人を惹きつけ、また、人を育てることで創業企業が集まる街であった。

さらに、創業が文化二年（一八〇五）のうなぎの老舗神田川は、元々武士であった。初代茂七は、江戸城の賄い方として働いていたが、幕末に武士の株を売ってうなぎの商いを始めたのが、神田川の出発点である。時代はその後大政奉還を経て、神田が武士と町人の町から大きく変わっていく時代を迎える

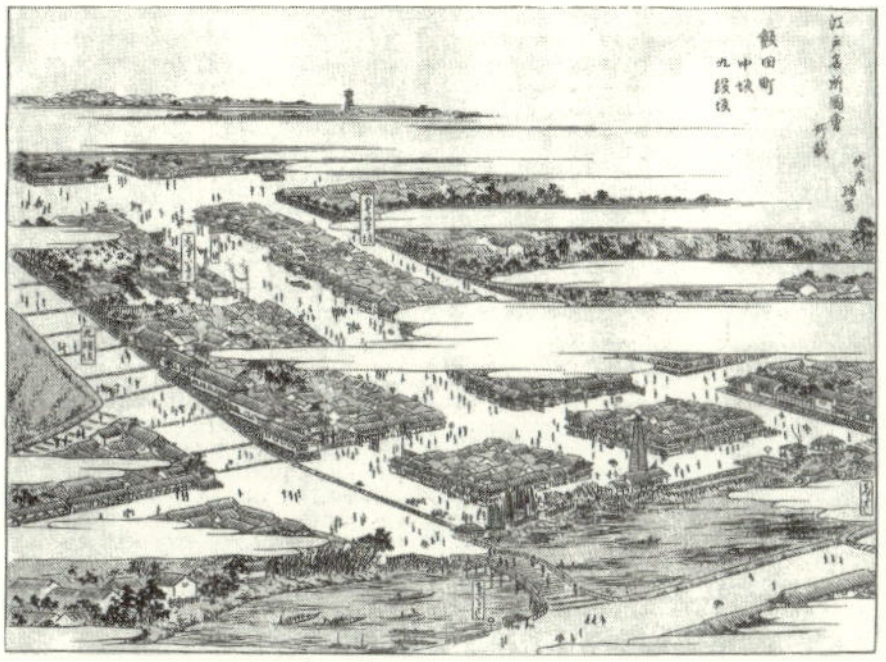

図 3-1-2：江戸時代後期の九段坂・中坂あたりの賑わい（図版提供：国立国会図書館）
江戸の山王権現の天下祭りでは45台の山車が中坂をかけ上り、田安門から江戸城に入り、将軍上覧の栄に浴した由。はるか西に富士山、東京湾品川沖を眺めることができた。また今ある九段坂上の燈明台の光は、江戸港出入りの漁船の目標となった。

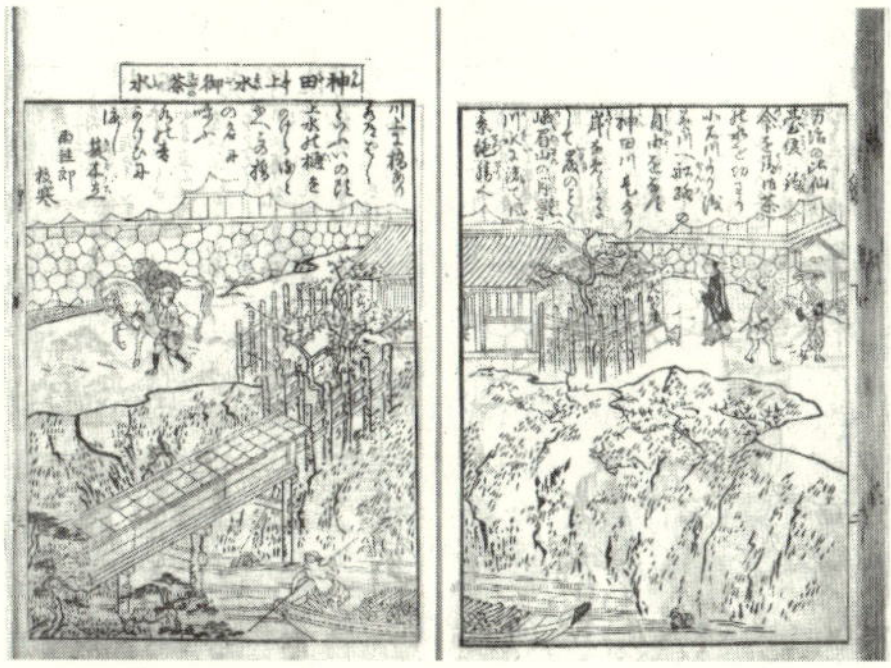

図 3-1-3：「絵本江戸土産」二編六巻（図版提供：国立国会図書館）
神田上水の見守番屋は川を流れてくる芥などを拾い上げるのが任務だった。その傍ら上水を利用してうなぎ屋も兼業していた。店先の看板には「大かば焼」と書かれている。また、川岸にはうなぎを入れたと思われる籠が浮いている。

ところであった。

江戸由来の食文化として、そば屋創業の歴史も忘れられない。

神田淡路町に店を構えるかんだやぶそばの創業は明治一三年（一八八〇）である。初代の堀田七兵衛は、蔵前で百年ほど続いた蕎麦屋の四代目だが、廃業した団子坂の藪蕎麦の屋号を譲り受けて、連雀町（現在の神田淡路町）で営業を始めた。七兵衛は非常に商売熱心で、洋服が流行し出した頃には畳の上に椅子席を設けるなど時代をリードした。次に、神田錦町の蕎麦の老舗神田錦町更科も見てみよう。神田錦町更科の創業は明治二年（一八六九）麻布永坂の総本家更科堀井の当主、布屋太兵衛（堀井清衛門）の従兄妹同士が夫婦となり、現在地である神田錦町に更科分店として創業したのが堀井丈太郎である。現在でも分店と呼ぶのは、本家と血脈が繋がっている神田錦町だけで、他は支店と呼んでいるという。

○近代以降創業の老舗

維新の直後は、全国から参勤交代で集まった武士たちが一度国元に戻り、人口は急落したが、その後、近代化の発展と共に東京への人の流入は激しく、その中で現在まで続く新しい世代の老舗企業が創業していった。

江戸時代同様に、奉公などの修行期間を経て独立した老舗は多い。山崎金属産業株式会社の初代山崎惣吉は、三崎吉三郎商店という

堀田七翁追悼號

図 3-1-4：かんだやぶそば初代死亡時に出た号外（図版提供：かんだやぶそば）
「翁は商売には実に気狂のごとく熱心であった。其一生は戦争の如く、日常翁の念頭には商売以外何物もなかったのである」とある。また大の地震嫌いだったというエピソードも紹介されている（「麺業新報」昭和2年（1927）11月30日付）。

図 3-1-5：神田錦町更科初代丈太郎のポートレート
（図版提供：神田錦町更科）

住友の別子の銅を一手に扱う大店で奉公し、明治二六年（一八九三）一〇月に暖簾分けした。本店のはす向かいになる現本社地の神田材木町（現岩本町）で「三崎支店」という名での独立だった。本店と同じではいけないと、店頭の小売商売だった。

本の株式会社有斐閣も、初代江草斧太郎は忍藩（埼玉県行田市）の御徒士の息子であった。藩校時代の伝手を辿って上京し、明治七年（一八七四）に、日本橋の「慶雲堂」の店員を経て、明治一〇年（一八七七）に独立した。当時は人出の多い日本橋や京橋が出版の中心であった。神田、一ツ橋地域には外国の文献を訳したりする「蕃書調所」があり、周辺に全国各藩から勉学に励む学生が集まり始めていた。明治維新で、武家の屋敷地が払い下げられ、次々と法律大学を興りとする大学が開校されるが、当時の地図に書店は一軒も見あたらない。そんななか、当時の一ツ橋通町四の今の地の長屋での開業は、神田神保町の出版社進出第一号だった。当初は、戸板に本を並べて売っていたが、学生がたくさん住む町であるため、要らなくなる本、必要になる本の需要はあり、早くも翌年には古本買い取りの広告を新聞に載せるほどであったという。

富山出身であった構雄造《かまえゆうぞう》氏は、東京への憧れが強く、周囲の期待を背に上京した。手に職をつけるため、根岸にあったかまぼこ屋で、丁稚小僧として働いた。その後、大正元年（一九一二）に二三歳で独立、創業し、翌年には神田鍛冶町でかまぼこ屋を始めた。これが

図 3-1-6：初代山崎惣吉氏（図版提供：山崎金属産業株式会社）

図 3-1-7：戸板売り時代の店のスケッチ（図版提供：株式会社有斐閣）
創業時の店舗に順次隣家を買い増していった。

構雄造商店の始まりである。この店は近所の火事に巻き込まれ焼けてしまい、今の場所に落ち着いたのは大正七年（一九一九）頃になる。初代は風呂敷包み一つ抱え、親戚縁者もいない東京で、きっと苦労も多かっただろう。しかし、雪国出身の初代は、とにかく辛抱強かった。「いまだ私は父の足元にも及びません」とは、二代目常雄氏の言。東京は今もそうだが、昔から夢を持った若者が集まる大都会なのである。

一方で、明治の近代化の大きな変革にあって、キハラ株式会社は数奇な時代の流れの中で創業することになる。元々初代の木原乾輔は、新潟県村上出身で実家は真言宗の修験道、山伏系統の知楽院という寺で、村上藩から扶持をもらっていた家の出身である。しかし、明治の廃仏毀釈の嵐の中で、明治四〇年（一九〇七）に一家を上げて夜逃げ同様にして東京に来たという。上京後、大正三年（一九一四）、長兄の知教とともに表神保町（現神保町一丁目）で製本業「鬼原正三堂」を始めた。元の姓は「鬼原」だが、昭和二三年（一九四八）に姓も会社名も「木原」に改めた。姉妹が四人おり、学校でからかわれたことも改姓の理由にあったようである。都市に人を惹きつける理由は、積極的なものだけでなく、別な理由もあることもあるだろう。しかし、そこで家族は一丸となってがんばり、老舗は今日まで事業を継続している。長兄・知教は間もなく、家屋と工場をつくり移転していき、会社名も姓も「鬼原」のままだった。乾輔はとどまり、店舗は小川町、現在地の駿河台と移った。兄の会社は新刊本の製本へと進み、乾輔は本の修理や図書館の雑誌の合本などへと進んでいくことになる。

修行を経ずに自らの才覚で新しい道を拓いた創業者もまた存在する。株式会社

図 3-1-8：構雄造商店、店舗全景（図版提供：構雄造商店）
常雄氏の同級生の方が描いた作品。

いろはの初代目崎弥善は、新潟出身で上京後、明治二二年（一八八九）この地神保町で寿司屋を開いたのが始まり。屋号は「いろは寿司」。手習いで始めた商売だったので、そこから取ったと言われている。弥善は一二人兄弟で、新潟から上京する弟、妹（義弟）達の多くが暖簾わけのような形で三崎町、御徒町、上野駅ガード、本郷に「いろは寿司」を出店して手広く展開した。

フォーマルウェアを手がける株式会社カインドウェアの初代渡邊喜之助は、江戸時代には代々秋田・佐竹藩の御典医をしていた家系に生まれるが、明治維新後、三男・才助と四男・喜之助の二人は仕事を求めて上京する。そこで二人はこれからはきっと洋服の時代が来ると感じ取り、江戸時代から古着商で賑わう神田柳掘り通りの先、浅草鳥越で全くの異業種となる古着洋服商を始めた。屋号は渡喜商店。明治二七年（一八九四）のことである。古着商で賑わう立地を活かしつつも、これからは洋服の時代というイノベーションを引き起こす才覚が創業者にあり、その後のカインドウェアの発展の礎が築かれた。

また、近江出身の廣瀬與兵衛が明治一三年（一八八〇）に薪炭《しんたん》業を興したのが、廣瀬ビルディング株式会社の始まりである。古くから薪炭（まき・すみ）は生活に欠かせない重要な熱源だった。人口が集中する東京への輸送の利便性から、錦町河岸のような神田川、日本橋川に面した地域に薪炭業は発展した。そこに目をつけた初代の努力のお陰で、廣瀬與兵衛商店はその後、東京の五指に入る薪炭問屋へと成長していく。このように新規参入を才覚で切り拓き、都市に必要な産業を興すことで、その地位と座をつかみとっていく老舗もあったのである。

他にも帝大出身の学士取得者という、老舗には珍しい異色な創業者としては、

図 3-1-9：江戸時代の神田柳原どおりの賑わい（画像提供：国立国会図書館）
柳原にはつるしの古着屋が多く、「柳原物」「柳原仕立」といえば古着を意味した。「風俗画報 臨時増刊」（新撰東京名所圖會第22編）山本松谷画「神田柳原川岸通りの圖」より。

電機関連を専門にした出版を多く手がける株式会社オーム社の初代廣田精一氏が挙げられるだろう。廣田は広島県福山の出身で、明治二九年（一八九六）に東京帝国大学電気工学科を卒業、商社在籍のままドイツのシーメンス・ハルスケに入社。帰国後の明治四〇年（一九〇七）、「多くの実地に役立つ電気技術者が必要であり、その教育・養成が焦眉の急」と、大学の六年後輩の扇本眞吉とともに、電気学校（現・東京電機大学）を創立した。教育・知識普及のために関係書籍、講義録などの出版も必要と、出版部も設置したのがオーム社の前身である。看板の電気雑誌「ＯＨＭ」を、電気知識を広めるためにと創刊。公器たる雑誌に大学の名を掲げるのはよろしくないとの理由から「オーム社」名で出版することになった。東京帝大電気工学科→電機学校→オーム社誕生という流れである。

　このように神田の企業は、それぞれ様々な経緯で創業に至っているが、その中でも多くは神田で修行し、独立するという教育の中で、独立創業している例が多くあるのが特徴であろう。奉公や修行などで働いていた親企業は、従業員を育て、また独立の支援をしてきた。また、東京ないし神田という大都市にあこがれ、多くの惹きつけられた人が新しい産業を興しているのも特徴である。都市に集まる人びととの自由な発想が新しい産業を生み続け、その中に次の老舗が生まれる可能性が秘められているのは、巨視的に見れば妥当な話と言える。

（二）いざ、東京へ、上京し挑戦するまち、神田

○江戸・東京へ上京する企業

図 3-1-10：初代廣瀬與兵衛のポートレート
（図版提供：廣瀬ビルディング株式会社）

図 3-1-11：オーム創刊号
（図版提供：株式会社オーム社）

一方で、創業地が東京、神田ではないが、現在は神田の老舗として定着している企業もたくさんある。創業地の地元で名を馳せていた老舗が、活動の拠点を東京、神田に移してきた理由とは何であるか。神田には老舗として定着する企業を惹きつける力というか理由がある。

最初のケースは、江戸時代に地方で創業していた商人や武士が江戸にやってくる例である。

創業は慶長七年（一六〇二）の有限会社三河屋綾部商店は、亀山治兵衛が三河で糀屋を起こし、初代将軍徳川家康に引かれて江戸に出てきたのが神田での始まりという。店は、創業から一〇代目までが三河屋亀山治兵衛商店の名称で商売をしていた。一〇代目に亀山家の跡継ぎができず、一一代目から綾部良一が継ぎ、その後は三河屋綾部商店として三河屋の暖簾を守り、現在では、一四代目となる。つまり、江戸のまち開きをした家康が引き寄せた、ある意味正当な江戸・神田の町人の歴史を引き継いだ老舗と言える。

神田多町に居を構えている株式会社小山弓具は、菩提寺の記録によると、先祖は会長である小山雅司氏から一六代前に徳川家康公の江戸開府に五石二人扶持の下級武士として三河から移住し、薪炭調達係として仕えていたらしいことまでが分かっている。弓で生計を立てるようになったのはそれから八代先、小山家の娘婿の源祐（安永九年（一七八〇）生）で小山弓具の創始者である。小山源祐は弓が好きで自作の弓を試していたところ、「よく飛ぶ」と評判になり、ついに江戸弓師として独立を果たした。文化二年（一八〇五）のことだという。弓矢は全長一二〇mもの縁を南北に矢を射通す「京都三十三間堂」の「通し矢」に代表されるよ

図 3-1-12：神田大明神御社地之図（紹真画、江戸時代）（図版提供：神田神社）

図 3-1-13：小笠原流式絵巻より
（図版提供：株式会社小山弓具）

うに諸藩が「天下惣一」を争う競技として発展しており、江戸でも行われ、弓矢は藩が争う競技用として大変盛んになった。しかし各藩が威信を掛けて一昼夜二四時間で一万三千本余りを射るこの競技は大変お金も掛かり、記録を出せない者が腹を切るなど有為な人材をなくすことに批判が出て廃止となり、弓道は五代目清三郎（文政一一（一八二八）生）の頃には、衰退の時代に入る。それでも、この頃の江戸の花街には、町矢場と呼ばれる遊技場があちこちに出来、賭け弓が流行るなど町の旦那衆の娯楽の場として繁盛した。この時代、二、三軒の矢場をお客に持てば一家は楽に暮らせた。

○医薬品、医業の集積する神田

同様に、創業は天和二年（一六八二）の株式会社紀伊国屋漢薬局は、紀伊国田辺生まれの源四郎が、紀州藩主徳川綱教の参勤交代のお供として江戸に出て、はじめのうちは茶屋や米屋をしていたが、五代将軍綱吉の時世に昌平橋外（後の神田松住町）に居を構え、薬種店「昌平堂紀伊国屋薬舗」を開設したことが由来となっている。創業以来、この地での営業は大正一一年に現在地（外神田一丁目）に移るまで継続することとなり、近くには青果市場があり、近郊の村々から人が集まってくるという地の利にも恵まれ、源四郎が開発した「牛黄丸《ごおうがん》」は万病に効験ありと評判を呼び、高価だが家伝薬としてよく売れ評判となったという。

神田周辺には医薬品や医者なども多く、ノドの薬としておなじみの株式会社龍角散の「龍角散」は、もともと秋田・佐竹藩に伝わる家伝薬に、蘭学を学んだ藤井正亭治が改良を加えたもので、藤井家は代々佐竹藩の典医を務める家系であっ

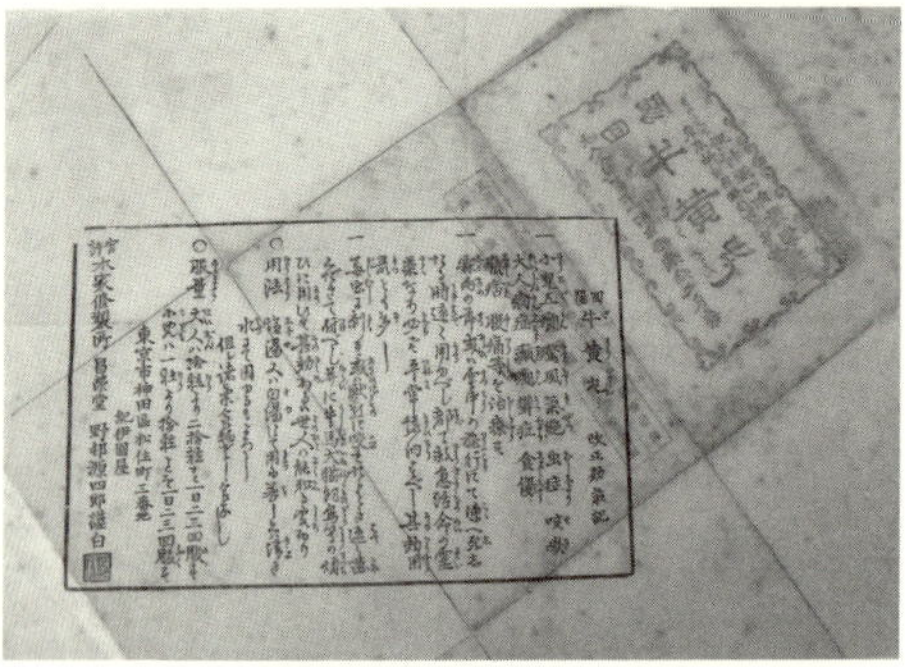

図 3-1-14：明治初期の「牛黄丸」改正効能記と薬袋（図版提供：株式会社紀伊国屋漢薬局）

た。時代が変わって明治になり、正亭治は東神田に薬屋を開業し、龍角散を一般薬として売り出した。

宇津救命丸でおなじみの宇津家の初代宇津権右衛門は、五〇〇年以上続いた下野の国（現在の栃木県）の国主、宇都宮家の御殿医であった。その後庄屋として、農業の傍ら、村人の健康のために生薬「金匱《きんき》救命丸」を創製した。金匱とは「貴重な」という意味どおり、後には一粒米一俵といわれたが、権右衛門はこの貴重な秘薬を、村人には惜しげもなく無料で提供していた。宇津家は二度の菩提寺の火災で記録を焼失しているため、定かではないが、製薬に関する古文書が元和年間（一六二〇年頃）のものがあり、少なくともそれ以前と考えられている。東京に進出したのは、時代がくだり、一五代目廉造氏の代で、大正八年（一九一九）のことである。東京神田に出張所を開設したきっかけは、東京の最大手の薬問屋が宇津家を訪れ、宇津の秘薬である救命丸を、もっと広く世に出したいとの申し入れがあったことによる。当時栄養が悪く虚弱な子供が多かったため、なんとか子供たちの健康を守りたいという廉造の願いから小児専門の薬として、明治四二年（一九〇九）金匱救命丸から宇津救命丸と名称を変えその後、株式会社として昭和二年に登記した。

この時より救命丸は、現在の流通システムに乗って販売網はいっきに広がり、新しい第一歩を踏み出すことができた。医薬品による社会貢献の思いが東京進出へと繋がったのである。

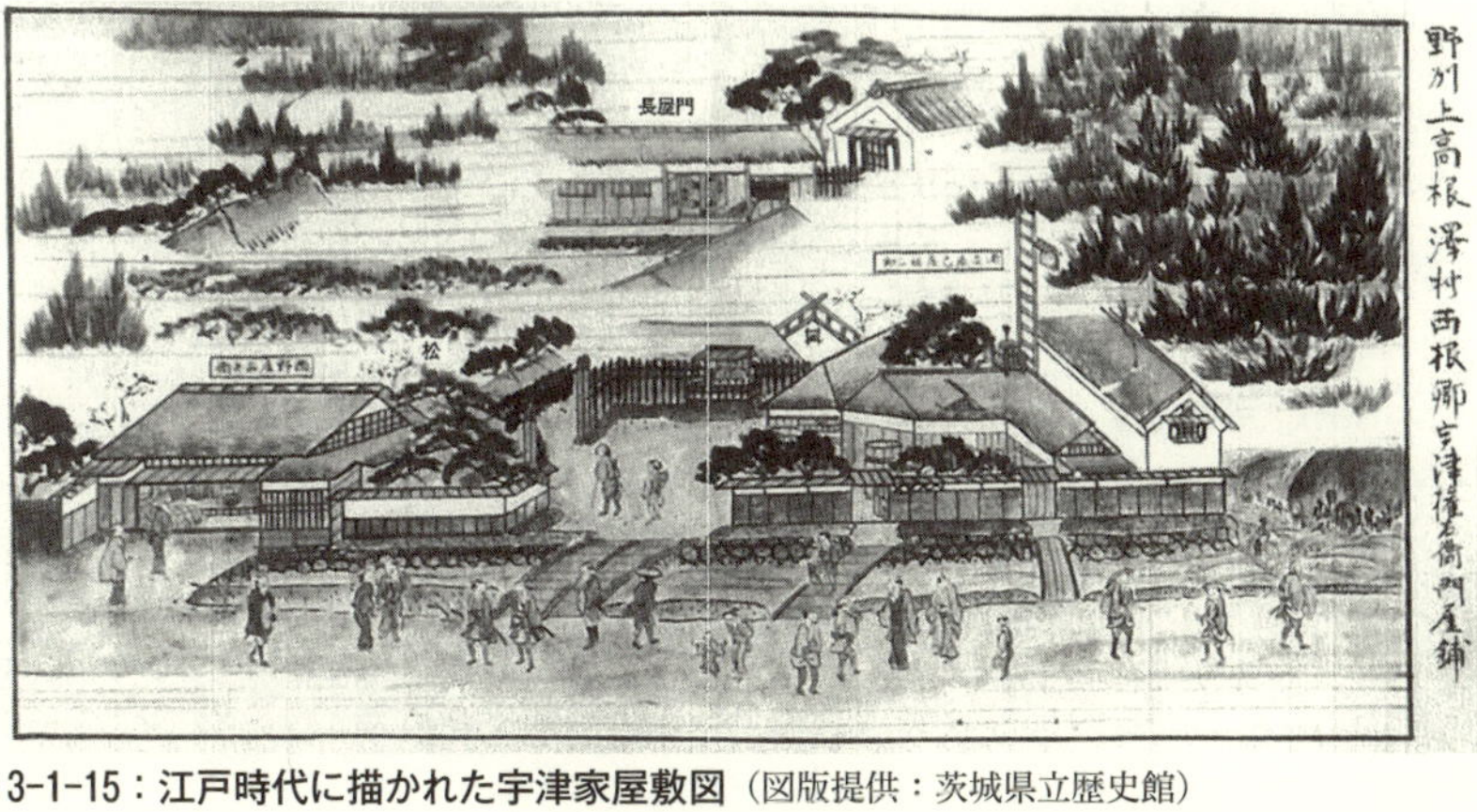

図 3-1-15：江戸時代に描かれた宇津家屋敷図（図版提供：茨城県立歴史館）
江戸時代、救命丸を献上していた一ツ橋家（徳川御三卿の一つ）が、下野の宇津家とはどういう所なのかと画家に描かせたもの。現在の宇津救命丸高根沢工場の所在地であるが、屋敷前の堀、入口左の松、中央の長屋門などは今も残っている。

また、神田駿河台の医院名倉クリニックの当主である名倉家は、古い家柄で系図や家伝を辿ってゆくと、「畠山」姓、そして「秩父」姓と遡る。現在は名倉家では二〇代、系図の上では四二世ということになるらしく、名倉家としては一四代目にあたり、千住で骨接ぎの医業を創めた業祖は、直賢《なおかた》となる。この初代名倉直賢（寛延三（一七五〇）～文政一一（一八二七））は、幼少のころから武術に興味を持っており、柔術を神田の木村楊甫に楊心流を学び、剣術は新当流を学び、どちらも数年で免許皆伝となり、近郊の若者たちに指南するようになったという。次には、武備心流という体術も学んだ直賢は格闘技の柔術というより、こうした柔術の中の医療に興味を持ち、接骨の術すなわち骨接ぎの術もこのような環境の中から学んでいった。直賢はさらに薬法を学ぶために、神田佐久間町にある幕府の医官多紀安叔の私塾（のち官営の医学館となる）に通い、治療師としての地固めをしたという。これから二四〇年以上続く〝千住の名倉医院〟としての地位と名声の土台はここから始まり、その後五代目が創設する神田駿河台名倉病院、名倉クリニックの歴史もすべてここがルーツとなる。当時から神田という場は人が学びに集い、また、そこが業を構える場所としてイメージさせていたのだろう。

○文化の発信地に集う企業

能・狂言の専門書を取り扱う株式会社檜書店の創業は、万治二年（一六五九）二月京都という（一説にはその二〇～三〇年前の寛永頃）。初代の山本長兵衛が二条通御幸町西入で観世流謡本を出版したのが始まりで、当時の二条通りは、現在の神田神保町のような本屋の集まる通りだった。当初は私的に出版していたが、

図 3-1-16：業祖、名倉彌次兵衛直賢
（寛永 3 年（1750）～文政 11 年（1827））
（図版提供：名倉クリニック）

元禄頃（一六九〇年台頃）から観世大夫と繋がりを持ち、観世流宗家公認の謡本の版元となり、謡本を出版するようになった。観世流の流行と共に全国に販路を広げ、安泰の世と共に店も繁盛し、初代（橋本常栄）檜木新兵衛孫、二代目（橋本常祐）檜常助と代が続いた。そして、大正六年（一九一七）三月、得意先であった観世流宗家が東京に移られるのに伴い、現在地の神田小川町（区画整理前は神田錦町一丁目）に、東京店檜大瓜堂を開店した。このように取引先との関係で上京してくる例もあるのである。しかし、二条通りのイメージが馴染みとなってのことか、本屋が集積する神田神保町に居を構えたのは、やはり文化情報の発信地としての地の利を活かしてのことなのだろう。

また、明治四三年（一九一〇）日本の文学を語る上で欠かせない文芸同人誌『白樺』が三秀舎から創刊される。創刊前から武者小路実篤、志賀直哉、有島武郎、里見弴、石川啄木ら、名だたる文豪たちが原稿の校正に足しげく三秀舎に通ったと言われ、彼らの日記の中で何度も三秀舎の社名を見出すことが出来る。三秀舎は、越前今立郡粟田部町（現在の福井県越前市粟田部）の造り酒屋、黒澤家の三男、連太郎が独立して嶋家を興したのが始まりである。明治一七年、連太郎一五歳のとき政界、実業界で幅広く活躍していた同郷出身の自由新聞社社長、吉田健三氏を頼って横浜に上った。明治一九年、一七歳のとき印刷業との出会いがあった。吉田氏の紹介で京橋区西紺屋町（現在の数寄屋橋）にあった秀英舎（現在の大日本印刷）に見習いとして就職し、営業職で活躍する。明治三二年三人の

図 3-1-17：初期の謡本版木
山積みされた初期の謡本のための版木、印刷機のない時代、このような版木によって本は印刷された。出版業者は版木を持つことが版権となっていた。（図版提供：株式会社檜書店）

仲間と神田美土代に、合資会社三光社活版印刷所を設立し、翌年となる明治三三年（一九〇〇）に三光社を発展的解消し、三秀舎を立ち上げた。このように文学史に刻まれた三秀舎も人の導きによって生まれたのである。

○災害をきっかけに神田に移転してくる企業

東京は災害を機に、廃業する企業、移転していく企業などもある一方で、災害を機に移転してくる企業もある（災害などにどのように老舗が立ち向かったかは後述する）。

印刷業を営む三松堂株式会社は、初代矢部三代雄（生没年不明）が、明治三五年に日本橋で創業した。日めくりのカレンダーを作っていたが、暦だけでは一年の半分仕事が空いてしまう。そこで印刷業に乗り出した。当時、市川に自宅があったが、日本橋の工場が大正一二年の関東大震災で燃えたことを契機に、神田小川町に移転した。一階が活版と組み版の印刷所、二階が自宅であった。このように東京周辺では、関東大震災が契機となる場合も多分にあった。

箸専門店の株式会社箸勝本店は、初代の山本勝治郎（明治一四（一八八一）～昭和一四（一九三九））の名前が由来である。そもそも山本家のルーツは、奈良県吉野下市町に土着し、この地の名産である吉野杉、檜などの材木の問屋を生業とし、また代々続く庄屋でもあった。勝治郎は、この吉野の豊富な木材資材の端材や間伐材を活かして割箸を作り、京都、大阪への商いを始めた。屋号を「山本商店」と名乗ったのは明治四三年のことである。東京への移転を決意したのは、二代目山本利右衛門香橘（明治三八年（一九〇五）～昭和五五（一九八〇））である。首都東京の人口の増加と共に割箸の需要も急増し、昭和三年、本郷区湯島新花町三

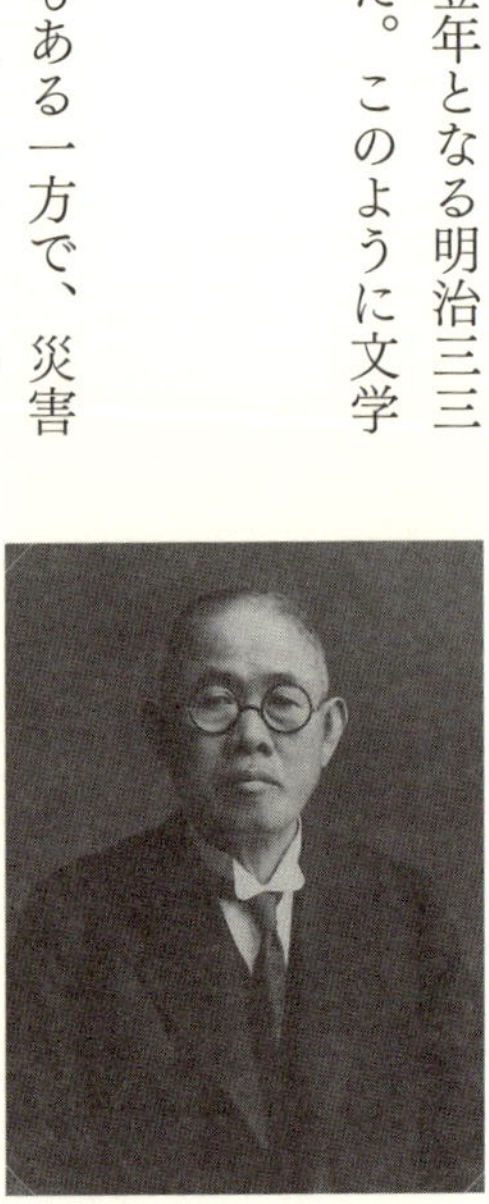

図 3-1-18：初代、嶋連太郎のポートレート
（明治 40 年撮影）（図版提供：株式会社三秀舎）

番地にて「箸問屋山本商店」が創業される。昭和一四年文京区妻恋坂に移転し、戦時中も営業は続けたが、昭和二〇年三月家屋、店舗とも焼失し山本家の故郷である奈良県吉野郡に全員疎開した。東京に戻り営業を再開することを決意し、昭和二四年に選んだ場所は、これまで親しんだ文京区にほど近い、現在の地、神田旅籠町（現在の外神田三丁目）であった。そして、現在まで移転はしていない。

○東京の他の場所から移転してくる企業

地方からではなく、神田周辺の他の場所から移ってくるケースもある。次に紹介するのは、花屋の老舗で宮内庁御用達の株式会社花慶である。東京の古くからある花屋の出自は、菖蒲園で有名な葛飾の堀切と言われている。日比谷花壇の宮嶋家も、株式会社花慶の宮田家も同じ堀切出身である。堀切の「名代地主」「名代庄屋」であった宮田家に養子で迎えられた初代の宮田兵五郎（弘化二（一八四五）～明治一二（一八七九））は、安政六年（一八五六）には、まず堀切を出て、両国虎屋横丁に花屋を出店した。当時、花は曳き売りといって荷車に載せて売るのが主流で、店を構えて売るスタイルは珍しかった。

しかし明治一二年、当時の流行り病であったコレラによって、兵五郎は三五歳の若さで亡くなり、妻と子供六人は夜逃げ同然で堀切へ戻り、長男は堀切で花の生産を始める。

そして、二代目宮田慶次郎改め安原慶次郎氏（慶応三（一八六七）～昭和二五（一九五〇））は、宮田家の次男で、柏で跡継ぎのなかった「安原」の名跡を購入し、明治一九年（一八八六）に姓を宮田から安原に改名した。両国の店は、慶応年に生まれた自分の名を採って屋号も山堀《やまほり》から花慶に改め、明治二二年に両国から神田東福田町（現在の岩本町一丁目）に

図 3-1-19：本郷区湯島の箸問屋山本商店店前にて（図版提供：株式会社箸勝本店）

昭和３年、東京進出の初めての拠点となった。４人の人物は従業員。当時大阪の工場から出荷された沢山の俵の中には箸が。

移転した。店を構えて売るというスタイルにルーツを持つ花慶にとって、都心での立地とは必要な条件だったのであろう。この頃、大火で東福田町の一帯が焼けたが、花慶の処で延焼が止まったので「縁起の良い花屋だ」と、よく花が売れたという。

また、煎餅の名店株式会社淡平は、煎餅作りで初代となる鈴木林蔵氏（大正八（一九一九）没）が、葛飾郡淡之須（現在の葛飾区青戸）で農業の傍ら川廻船もおこない、収穫した米を中川を介して江戸に卸していた。また、餅など米の加工品も扱い、その中のひとつに煎餅もあったようである。林蔵は、百姓だけでなく、時代に合った事業を多角的に広げる商売人のセンスがあったのだろうか。そのおかげで、明治一七年に米加工品の製造と卸売りを生業とする「淡平」を創業した。「淡平」という屋号は、「淡之須村《あわのすむら》」の「平ぜむどん（林蔵の愛称）」から付けられた。

煎餅屋を専業としたのは、二代目平蔵（昭和二五（一九五〇）没）の時になる。できる限り素材の味を生かした素朴な手作りの味。それが「淡平」の味。戦前の写真には、家族ぐるみで煎餅を天日干しする様子が残っている。三代目常次郎（昭和四五（一九七〇）没）の時代は、卸業を中心としていた。映画「男はつらいよ」に出てくる団子屋のモデルとなった、老舗和菓子店「高木屋」も取引相手だった。大きな転機を迎えたのは四代目昭（昭和四（一九二九）〜平成六（一九九四））の時である。三代目常次郎から商売のいろはを教えてもらい、家業を継いだ四代目昭は、高度成長期に突入した日本経済の大波の中で、どのように商売を続けていくか岐路に立たされていた。柴又での卸売業だけで生

図 3-1-20：花売り

（出典・「四時交加２巻」国立国会図書館所蔵）

図 3-1-21：淡平の色とりどりの煎餅

現在取り扱っているお煎餅の味は14種におよぶ。人気の味はのり、ごま、山椒。中でも今戸焼きのコテを使って作る「今戸焼き醤油煎餅」はここでしか味わえない

き残っていけるのか。多くの同業者が大量生産、大量消費に備え事業拡大を計っていく中、昭は考えあぐねた末、手焼で様々な味を提案するユニークな煎餅造りを決心した。そして、ちょうど同じ頃、神田へ店を出さないかと親戚から声をかけてもらった。神田尾張屋に嫁いだ伯母の縁で物件を紹介してもらい、それが今の店舗になった。昭は、昭和四八年に神田出店を決断し、小売業への進出を果たした。

○販路拡大のための戦略としての上京

福神漬けなどの食品の製造販売を手がける株式会社新進は、群馬県がそもそものルーツであった。

創業は明治二七年五月二四日、新潟県中頸城郡黒川村（現・上越市柿崎）出身の、籠島忠作（明治二七（一八九四）～昭和七（一九三二））が群馬県高崎町（現・高崎市南町）で焼麩とでんぷんを製造販売する籠島忠作商店を創業したのが始まりである。二代目常太郎（明治四五（一九一二）頃～昭和七（一九三二））が中興の祖といえる人物で、一七歳の頃から父の仕事を手伝い、籠島忠作商店運営の基礎固めを行った。常太郎は二代目襲名の前から、さまざまな改革をおこなっている。明治から大正に移り変わる時代の中、若い常太郎は、昔かたぎの商いを変えようと意欲的だった。まずは仕入れの現金化など財務体質の強化に取り組み、次には大手問屋の開拓など販売体制の充実化を図った。

そして、昭和五年には、現在の会社の礎ともいうべき高級福神漬「新進漬」および各種漬物、佃煮の瓶缶詰の製造販売を始め、同年に東神田に店舗

図 3-1-22：明治 45 年より 4 年間営業していた、新潟県高田市の籠島麩店
（図版提供：株式会社新進）

と倉庫を設置した。社にとって焼麩商から漬物商への大きな転換を迎えたときだったといえる。その後、販路は順調に拡大し、遠くは中国、ハワイ、北米に輸出されるようにまでなった。業務拡大の拠点として、製造拠点に近い群馬から、販売までの利便性を考えて、神田に進出してきたのである。この一大決心を支えた理由として、神田の地の利がそこにはあった。

(三) 神田のまちと産業のつながり（職人のまち）

神田の老舗は、それぞれ個性的な店舗が多く立地しているが、これらが集積してまちの雰囲気を作ってきている。これは考えても見れば、神田の東側は、元々町人地であり、職人町であり、生業の集積が界隈をつくってきた下地があるからだ。職業選択に近世よりも自由が認められ、職人が強制的に住まわされることはなくなったとしても、集積する中でまちを育む遺伝子は継承されていった。一方、神田の西側は、武家地であったため、近代に入り大きく土地利用は転換した。ここでは近代の礎を築く新しい教育機関、学校が生まれ、企業は産業からこれらの学校関係者を相手に商売を展開し、近代の文学など都市の文化を支えた。

○青果市場の活気が界隈の雰囲気を生む

昭和初期に移転するまで、日本橋のたもとに魚河岸があり、神田多町には青果市場があった。移転に伴って、市場の卸業者たちは皆神田から出ていってしまったが、青果市場に出入りする企業、商業者もたくさんおり、彼らもまた市場を支えるまちの主役であり、その後も継続して事業を続けることで老舗の看板を守っ

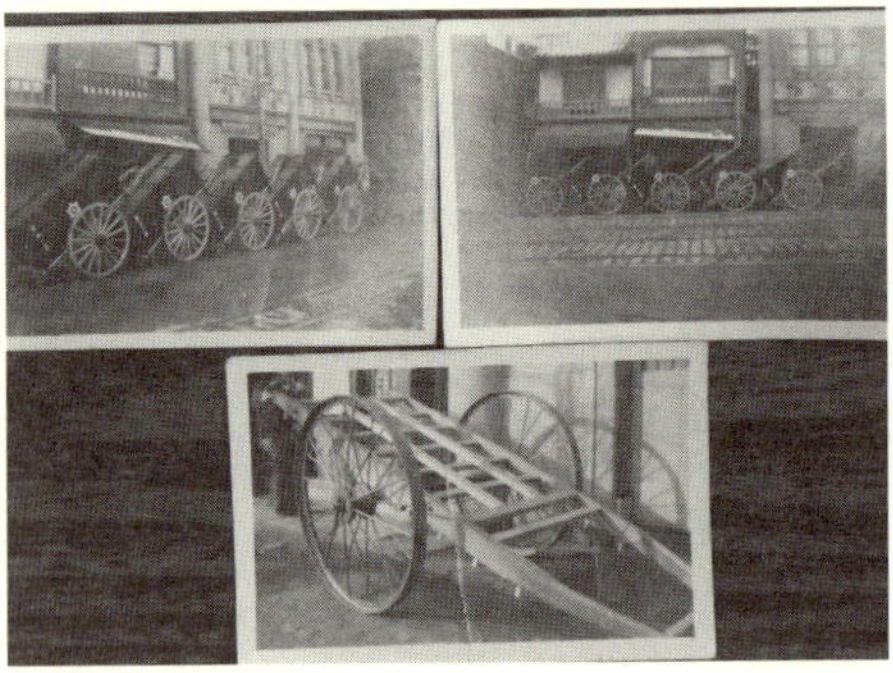

図 3-1-23：福井製車場でつくられた大八車（図版提供：福井自動車株式会社）
木製の円形の車輪と、人力で引っ張る樫の木で出来た木部を、火で炙り微妙な曲線に仕上げる技術が職人技であった。

てきたのである。

戦前に大八車の製造販売をしていた福井自動車株式会社は、三代目久吉（明治七（一八七四）～昭和三四（一九五九））の時代に、神田宮本町より明神下の現在の地に移り、今日の基礎を固めた。移転理由は、神田宮本町は坂の上であり、当時は舗装された道もなく、大八車の移送に大変苦労したからと伝えられている。商売としては、神田市場（やっちゃ場）が近くにあったため、大八車の需要は多かったのである。また、頻繁に荷車が必要でない人のために、金澤町（外神田三丁目）にあった巴商会に代表される貸し車屋、現在のレンタカー屋も繁盛した。分解が出来るので保管がしやすく、客が来ると用途に応じて組み立てる。

また、魚河岸と青果市場の中間地にあたる神田鍛冶町に店舗を構える有限会社ヤマモト鞄店では、威勢の良い河岸や市場で働く人たちや、そこを訪れる方たちに、煙草入れや眼鏡入れなど袋物がずいぶん売れたという。河岸で働く人たちは、大盤振る舞いで大変羽振りがよかったそうだ。

○神田明神と老舗の関係

神田明神参道に位置する有限会社三河屋綾部商店の歴史は、神田明神とは切っても切れないご縁で成り立っている。元和二年（一六一六）、柴崎村から駿河台に移転していた神田明神が、現在の場所に鎮座した際、神主が寺社奉行所に願い出て許しを得、商人職人が住む町を作った。これが神田明神門前町、神田明神表門前、神田明神裏門前、神田明神西門前と築かれていった経緯である。この時、三河屋も一緒に門前町の現在の場所に落ち着いた。糀の生産場所として、三河屋

図 3-1-24：明治 15 ～ 6 年頃の鍛冶町通り（現在の中央通り）の風景（図版提供：千代田区四番町資料館）
人力車、鉄道馬車が行き交う、活気のある町の様子が伺える。（千代田区四番町資料館『江戸町与力の世界』より）

は深く広大な地室《じむろ》をもつことになったが、この地室は今の時代では考えられない大きさで、店の敷地はもとより、参道から神社の敷地内まで伸びていた。以降、三河屋の広大な地室で作られた糀は、徳川家代々に亘り、御用達として珍重された。このように、神田明神とともに老舗企業は界隈を築いていったのである。

○薬品会社の集積

特定の業種の集積によって神田の魅力的な個別の界隈を醸成しているのが神田の大きな特徴である。薬品関連企業もその一つである。

大木製薬は、元々近江商人だった初代が、江戸両国広小路で創業した製薬会社である。創業時の名称は五臓圓本圃だったが、初代から続いた商いは順調に推移し、明治維新後中国から生薬が輸入されるようになり、漢方薬の原料不足が解消され五臓圓も富裕層から庶民の手の届く薬となった。明治元年（一八六八）一〇代目の大木口哲によって家庭薬卸問屋が開かれ、明治二九年（一八九六）神田鍛冶町に大木合名会社

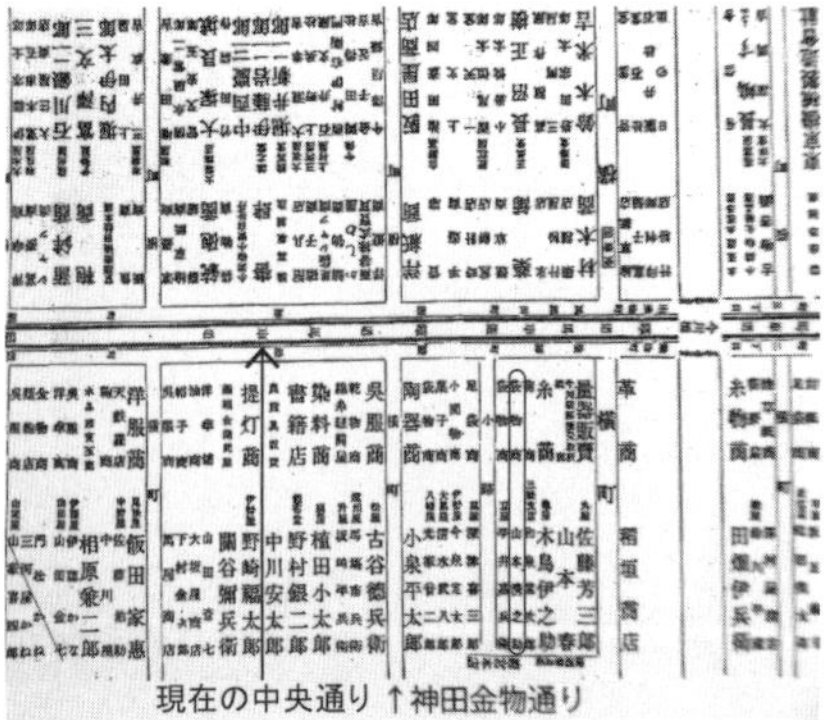

図 3-1-25：明治 33 年 2 月発行の東京営業便覧（図版提供：有限会社ヤマモト鞄店）
神田金物通りの右隣にある「小路」の右側に、「袋物商山本清之助」の文字が（○で囲んだ部分）みえる。

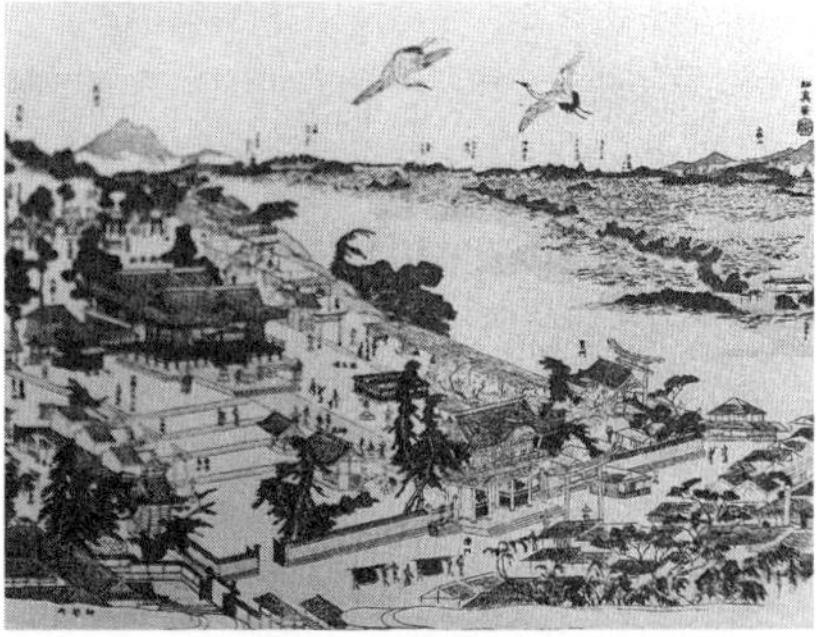

図 3-1-26：神田大明神御社地之図（紹真画、江戸時代）（図版提供：神田神社）

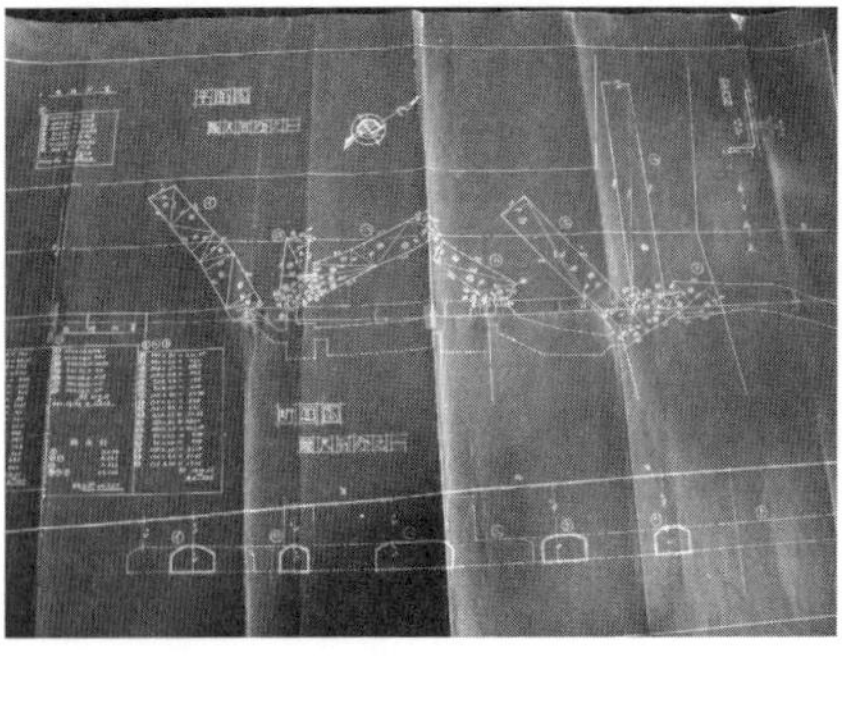

図 3-1-27：昭和 11 年に作った、三河屋の地室（ジムロ）の図面（図版提供：有限会社三河屋綾部商店）
図面の右側が神田神社。地室は浅いところで7m深い所で10mの深さがあり、参道はもとより、神社の敷地内にまでくまなく張り巡っている（全長約120m）。現在は陸室（オカムロ）を利用しているので、地室は使っていない。

を、大正元年（一九一二）には同じく神田鍛冶町に応用製薬株式会社（現在の大木製薬）が設立された。時をほぼ同じくして、龍角散、宇津救命丸などの薬品関連企業が集まった神田での創成期といえる。

○学都東京を支えた神田神保町

神田は学の拠点である。神田には寛永二年（一七九〇）に設立された、幕府直轄の教学機関「昌平坂学問所」があり、江戸時代から学問には縁の深いエリアであった。また、明治一〇年から二〇年にかけて、新政府の官地となった大名・侍屋敷跡には、東大をはじめとして大学が一一校も建てられた。有斐閣に代表されるように学問に欠かせない本を売る商売が、神田で盛んになったのは当然のことと言える。現代のように、新書が次々と出版される時代と違い、当時の本の九割が古本だった。

明治二〇年に出来た東京書籍商組合の数は一三一件で、その内神田は一五件、日本橋、京橋が五六件、二八件と、まだ数としては日本橋地

図 3-1-28：小林清親画「両国雪中」（図版提供：江戸東京博物館）

大平松木平吉版―右奥の看板に五臓圓の文字がある。人力車に電柱が明治初期らしい。

図 3-1-30：席亭・筆屋として営業した俎橋付近の絵

（図版提供：国立国会図書館）

今の九段郵便局と船宿津久井屋があり、そこから猪牙船（早舟）が日本橋向島へと走った。玉川堂は画面左下あたり。

図 3-1-29：初代・清次郎の肖像画（画像提供：高山本店）

区よりは少なかった。しかしながらその後、明治三九年には組合数は三八四件に増え、その内神田は一〇四件と、日本橋・京橋の八五件、七七件を抜いて大きく飛躍した時代でもあった。今も本の町、神田神保町をリードする高山本店はこの時代に初代高山清次郎によって創業された。

高山本店創業者の息子清太郎の時代は高山本店のみならず、本を扱う業界全般に亘り全盛期といえる時代だった。隣の岩波で新刊本が出ると、その二日前からそれを早く手に入れたい学生達が行列を組んで並んだという。新刊本を出せば売れる、古本になれば、またそれもすぐ売れるという、国民皆が知識欲に飢えていた、良き時代だった。それに拍車をかけるように、明治時代に創立された国立大学、私立大学、専門学校の整備、充実が行われた時代でもあった。それぞれの大学の図書館に置く本の仕入れ業者として、清太郎は、与えられた予算内で文部省から指定されたジャンルの本の数を満たすため、新刊本と古本を混ぜて収めることで予算を削るという、古書店ならではの手法で、大口の注文を取り活躍した。古書専門の高山本店が、この時だけ新刊本を売った時代である。

神田神保町には他にも多くの古書店が老舗として構えているが、ここでは書道具の株式会社玉川堂を紹介しよう。

「玉川堂に筆を四〇本注文しに行った。後日、玉川堂に出来ているだけ一〇本筆を受け取る。」などと、有名な馬琴の日記に頻繁に登場する玉川堂。中坂の小さな店から九段下俎板橋の船着き場近く、今川小路にある幕末の大学者・木下順庵の屋敷跡に、間口の広い店を構えるようになった。元々は筆屋だったが店の裏には広い庭と池があり、そこで「玉川亭」という茶亭（貸席）を開き、文人、墨

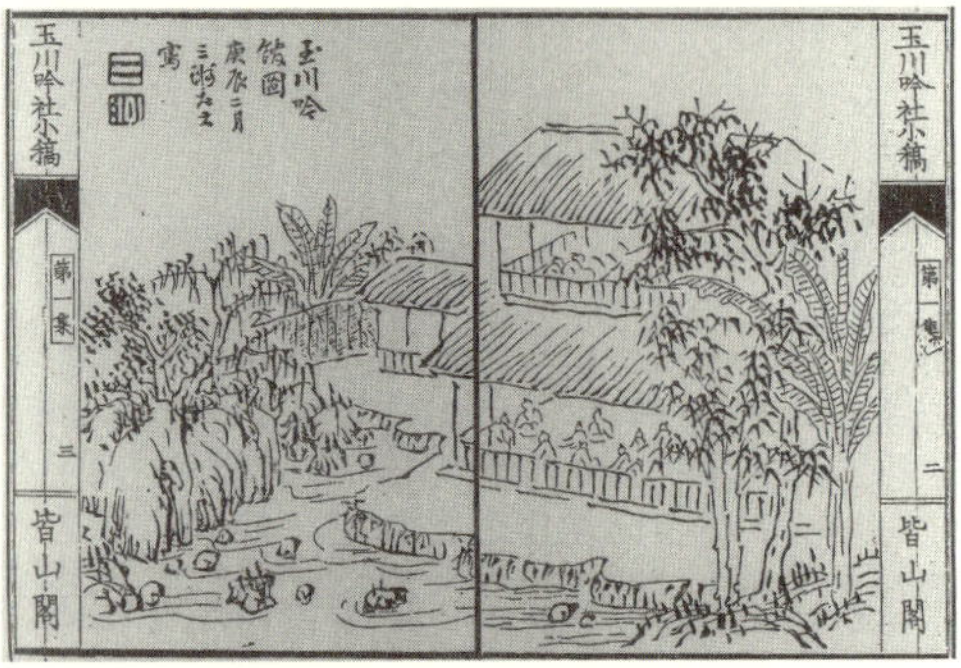

図 3-1-31：当時の玉川吟社や書画会が開かれた玉川亭の様子（図版提供：国立国会図書館）

客が集まって書画会を開き自分たちが持ち寄った書画を肴に鑑賞し楽しんだ。このようにサロンとしても機能する学問や文化の発信地でもあったのである。

ある時は東大の穂積重遠らの英語や独語、仏語の日本語訳を選定する会議にも使われ、初めて習字の国定教科書を書いた東宮職御用掛・長三州が「玉川吟社」と名付け、月に幾度か漢詩を作る会を玉川茶亭で催していたという。二松学舎で漢文を修めた夏目漱石は、書と絵が好きだったことから玉川堂に寄り筆を買い求め、麹町にお屋敷のあった永井荷風は、父親の使いで筆を買いにやらされ、その縁で晩年まで玉川堂の筆を愛用したと、昭和二一年の永井荷風日記に克明に記されている。他にも斉藤茂吉、北原白秋、岡本綺堂、与謝野晶子、渋沢栄一、乃木希典、犬養毅などなど沢山の文化人に愛された。

本作りに欠かせない紙を基軸にデザインとテクノロジーを企業領域として事業を展開している株式会社竹尾。竹尾の創業当時は、八丁堀に洋紙店を構えたが、その後、出版・製本業が軒を並べる神田に移転して、現在の紙産業をリードする地位を築いていった。当時、神田は大学や専門学校等の教育機関が次々に開校、それに伴い、出版関係の用紙を主に輸入紙や装丁関係の注文が増えたという。このように、学の集積地を目指して居を構え大成する老舗の存在がまた、界隈の特色を鮮やかなものにしている。

○中国人留学生を集めた神保町

神田の町を歩くと、中華料理店の多さに気づくが、特に本の街といわれる神保町には老舗の中華料理店が多い。その理由を知るには、揚子江菜館の初代が同店

図 3-1-32：竹尾　明治 43 年（1910）頃の店舗
（図版提供：株式会社竹尾）

を開業した百年以上前の時代に遡る。

清朝末期（一八六〇〜一八九〇年）、清国では弱体した国力の再建のため、西洋近代文明の科学技術を導入しようと「洋務運動」が起きた。日本の明治維新を手本にと、数多くの中国人留学生が日本や西洋の学問を学ぶため、日本へと海を渡ってきたのである。当時革命家として留学生の間で英雄的存在だった孫文や、魯迅、周恩来も学んでいる学生街神田を基点として、明治三七年（一九〇四）には日本への留学生は千人に達し、明治の後期には五万人もの留学生が日本で学んでいたといわれる。淡白な日本の食事が口に合わない彼らの空腹を満たすべく、安くて栄養のあるそれも故郷の味を提供しようと中華料理店が続々と出来た。ピーク時には東京神田区には百店を越える店が出来、さながら中華街の様相であった。

そのような時代背景の中、揚子江菜館は明治三九年（一九〇六）西神田で創業した。神田に現存する中華料理店では最も古い店である。実は、「支那そば」という店名でそれ以前から営業をしていたが、店名を改めた年号を創業年にしているため、その存在はさらに古い。初代、周所橋の出身地は、上海より百キロメートル南にある寧波で、魯迅や蒋介石、周恩来が生まれ育った所としても有名。また、周は「寧波華僑総会」と「神田中華組合」を創立し、その初代会長を務めていた。後進の移住者や留学生をサポートし続けて、神田神保町の中華街としての側面を支えたのである。

(四) 災害からの立ち直り

図 3-1-33：明治 41 年の駿河台下の大通り（現・靖国通り）（図版提供：レオマカラズヤ株式会社）
明治37年開通の路面電車は神保町から小川町へと向っている。多くの中国人留学生たちが日本へ、そしてこの神田へとやって来た頃の町の様子が分かる。

東京は、後藤新平が関東大震災後の帝都復興で「復旧ではなく、復興」といったように、大規模な都市災害から立ち直る度に復興し都市を充実させてきた。復興を支えたのは多くの地域の産業であり、それを担った企業と言える。老舗はその長い歴史の中で多くの災害をくぐり抜けて現在までその営業を続けている。それぞれの老舗はどのようにして災害をくぐり抜けたのか。

○大火の多い神田

神田をはじめとする東京は江戸時代から火事の多い都市であった。近代に入り、甚大な被害をもたらしたものは、関東大震災と第二次世界大戦における東京大空襲である。しかし、それ以外にも神田では大火が数度起きている。株式会社東京堂の大橋信夫氏は以下のように語る。

「東京堂は創業以来三回火事にあって全焼しています。一回目は明治二五年（一八九二）の神田の大火です。その後建てた店舗が傷み、明治四四年（一九一一）四月から改築に取り掛かりました。一〇月に三階建ての店舗が完成しましたが、翌大正二年

図 3-1-34：明治 40 年ころの東京堂（図版提供：株式会社東京堂）

図 3-1-35：大正期の東京堂の運搬風景（図版提供：株式会社東京堂）

（一九一三）二月、またも神田の大火が起き、新店舗は焼失です。しかし、その日のうちに仮営業所で仕事を再開したばかりか、取引先へも火災保険で支払いをきちんとしたため、かえって信用を高めました。さらに大正一二年（一九二三）の関東大震災です。いち早く再建できたのも日ごろお付き合いしていた建設会社のおかげです。」

　このように明治時代にも火災は複数回発生しており、その都度、再建してきた多くの企業が今こうして老舗として、看板を守っているのである。

○関東大震災で焼け落ちた本社、店舗

　関東大震災は、近代化が進む東京、神田において、大きく都市の様相を変える契機となった大火災を伴う地震災害だった。欧風カレーの名店、タカサゴは、関東大震災の頃は「高砂屋」の名前で食堂として店を経営していた。店は総檜造りのしっかりした建物だったので、震災の揺れにはびくともしなかったが、その時の火災で類焼してしまった。また、株式会社龍角散は、大正一二年（一九二三）七月、東京ではまだ珍しかった鉄筋コンクリート三階の本社を建設。しかし同じ年の九月に関東大震災によって、建物が頑丈だったため建物自体は残ったものの、ビルの中は完全に焼けてしまった。建て替えたばかりのところに大きな打撃を受けた再建となった。このように、大火災はそれまで築いてきたものをそれぞれがどのような状況にあったとしても、例えそれが被災直前に築いたものであっても灰燼に帰すものなのである。

　都内有数の金属商として、戦前から名を馳せた山崎金属産業株式

図 3-1-36：震災直後のバラック造りの高砂屋 現在の内神田一丁目 3-1（大正 12 年暮撮影）（図版提供：タカサゴ）

会社も、震災では店も自宅も焼失し、一時埼玉に疎開した。しかし、二週間後に戻り、焼け跡から真鍮材を掘り出し、商売を再開した。震災復興で金属製品への需要が高まったが、「おごらず、常に準備を、倹約を」と堅く商売を進め、それがのちの力となったという。非鉄金属は相場の影響を受けやすく、それでつぶれた会社も少なくない。それで在庫をなくすことのできる、サプライヤーを目指した。この経験が、後に戦時経済になって行き、物資統制などで業者統合も進み、軍需工場化し、結局、会社を譲渡したが、人望があったのだろう、業界の世話役は続けることができた。そのため、戦後は、「できるだけ早く再開を」と、終戦の翌年昭和二一年（一九四六）一月に営業を再開することができたのである。

○顧客からの支援で震災後の再建を後押し

災害復興からの再建を後押しするものはもちろん家族や従業員の支えもあるが、顧客の支えも忘れられない。神田駿河台の老舗旅館である株式会社龍名館は、大正七年（一九一八）、濱田次郎が二代目を継承。大正一三年（一九二四）、関東大震災で本店および呉服橋支店、猿楽町分店を焼失。本店は周囲に建物が少なかったため焼失は免れると思われたが、火の勢いは予想を上回るものであった。二代目は焼け跡に佇み、忍び難い思いをした。ここで、幸運にも当時の顧客から資金の援助を受け、その厚意に報いるためにも再建に励んだという。

また、そば屋の老舗神田錦町更科では、二代目亀雄（明治二六（一八九三）～昭和四三（一九六八））の代につくられた以下の様なポストカードが残っている（図3－1－39）。

図 3-1-37：昭和初年の山崎金属産業店頭写真
（図版提供：山崎金属産業株式会社）

関東大震災で焼け出された後、昭和二年神田錦町に再建した店前にて「本日より営業」とある。子供を抱いているのが二代目亀雄。抱かれている子供が三代目。この写真は、開店祝いとしてポストカードにしてお客様に配られた。その後の太平洋戦争時の東京大空襲で店ごとすべて消失したが、ある日お客様が持ってきてくれたものであるという。客商売において、復興再建の一番の原動力は、これまでの顧客にもう一度支持される店づくりなのであろう。

○戦時中の困難さ

第二次世界大戦時の営業の困難さは、まずは国家総動員体制の中での、物資統制が挙げられる。株式会社豊島屋本店でも太平洋戦争の勃発と共に、戦時中酒は配給制となり、店主忠吉はしばらくの間、酒類の統制機関（株式会社日酒販の前身）に身をおいて中野で出張所長をやっており、終戦後になって豊島屋本店に戻ることができた。

フォーマルウェアの日本でのリーディングカンパニーの株式会社カインドウエアも、和服から洋服への変遷という時代の後押しもあり、経営は順調に運んでいたが、昭和一七年の株式会社に改組後、太平洋戦争の嵐に巻き込まれる。戦時は企業統制・整備によって既製服中央二六代行株式会社に衣替えし、戦後昭和二二年には、一部の同業者が独立したため、会社名を改め東京繊維工業株式会社となり二代目喜之助はその社長となった。事務所は二回の空襲で焼け出されたため、浅草鳥越のかつての職人の家に仮の机と電話を置いた小さなもの

図 3-1-38：龍名館小川町分店の建築建前風景（図版提供：株式会社龍名館）
初代、2代目が顔をそろえている。いっしょに写っている小さな女の子が後の3代目女将。

図 3-1-39：神田錦町更科再建した店舗の写真
（図版提供：神田錦町更科）

で、従業員も一〇人ほどであり、主な仕事といえば「組合の配給指令に基づいて、統制品を販売する」ことだった。

法学図書の専門出版社である株式会社有斐閣もまた、関東大震災で店は焼けたが、三階建てのコンクリート倉庫は焼け残り、在庫や資材が残って、震災後は比較的早く再建できたようである。震災後の神保町周辺の区画整理にも携わったが、その際、出版社・書店にとってのコンクリート建築の長所を説き、その意見を入れ、戦災被害を逃れた古書店もあったようだという。しかし、時局がきな臭くなってきた昭和一〇年（一九三五）には、天皇機関説事件が起り、美濃部達吉博士の『憲法撮要』と『逐条憲法精義』が発行頒布禁止となり、本を回収せざるを得ない時代になっていった。しかし、三代目は、美濃部博士の下に行き「必ず復刊します」と約束した。戦時下、隣の救世軍の建物はレンガ建てで、焼夷弾がそこの屋根にぶつかってはね返ってきて、店は焼けたようだが、ここでも運良く倉庫は残った。戦争が終わって、本格的出版を始めたのは昭和二一年（一九四六）、美濃部博士と約束した『改訂憲法撮要』

図 3-1-40：昭和初期の豊島屋
（図版提供：株式会社豊島屋本店）
関東大震災後12代、13代、14代と戦災まで3代の本拠地となった美土代の店。昭和初期、正月の初荷風景。運搬は馬車だった。

図 3-1-41：有斐閣、震災後昭和 3 年に新築復興した店舗
（図版提供：株式会社有斐閣）
昭和20年2月戦災で焼失。

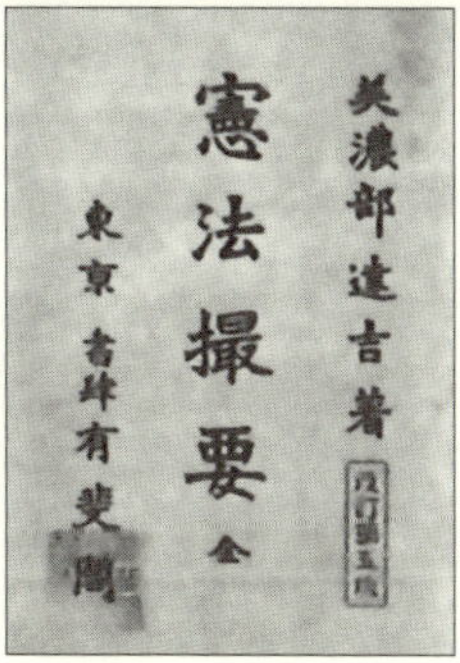

図 3-1-42：天皇機関説問題で発禁となり、戦後すぐに復刊した美濃部達吉著『憲法撮要』（図版提供：株式会社有斐閣）

が戦後最初の出版物だった。

○空襲を生き延びろ

昭和二〇年（一九四五）三月一〇日の東京大空襲は、神田にも甚大な被害をもたらした。疎開せずに残っていた老舗の人々は地域住民、家族といっしょに空襲を生き延びようと必死だった。笹巻けぬきすし総本店は、戦時中、一家で疎開しないで小川町に留まった。都心のほとんどが空襲によって焼け野原になったが、この一角は裏にあった井戸の水を近所の住民と一緒になってかけ、類焼を防いだことで、焼失を免れた。戦時中、米のない時代は「おから」で鮨を作ったこともあったという。

福井自動車株式会社では、父から教わったこととして、関東大震災の時に池之端に逃げたが、御成街道（現中央通り）が避難民で混雑し子供たちが逸れてはならないと、こぶを作った綱に掴まって逃げたという。それは安政江戸地震の時から、福井家代々伝えられた教訓だった。また、福井忠雄氏が中学二年生の時、戦災で家が焼かれ、家族揃って防空壕から脱出して聖橋の下に逃げたという。そのとき火は西から下ってくるという教えを父から聞かされていたが、これも江戸時代から代々伝えられていたことだった。そのとおり、お茶の水方向から火の粉が飛んできたため、当時希少なコンクリート造の湯島聖堂に逃げて、助かった。後述のように、老舗は家訓によって商売の教えが代々引き継がれるが、土地に根ざした老舗だからこそ、こうした災害時の行動の教えもまた老舗を継承する知恵として引き継がれているのである。

図 3-1-43：昭和 30 年代の福井サイクルの店前の様子。（図版提供：福井自動車株式会社）

○占領期の困難さ

戦災を被った神田は、終戦後も進駐軍の占領などの影響で思うように復興を進められないケースもあった。前掲の豊島屋本店は、昭和一九年（一九四四）一一月二九日東京で初めての大空襲で美土代の建物が消失し、終戦になると美土代町一帯がＧＨＱのモータープールになり、店を開けなくなった。そのため土地を所有していた猿楽町に、新たに木造二階建ての酒屋を開くことで対応したという。

印刷業の株式会社三秀舎は、戦災で神田の本社、工場、芝浦の工場、倉庫すべてが焼失し、神田の土地はＧＨＱに接収され、後に現在の本社の土地は戻っては来たが、大通り沿いの土地は戻ってこなかった。その後の復興への苦労は計り知れない。焼け跡から使えそうな機材を拾い集めて、磨きをかけて使ったという逸話が残っている。

株式会社小山弓具も、戦時中は陸海軍の御用達、そして昭和八年の今上天皇ご誕生には全国学校連盟より献上弓の製作を依頼されるなど先代の自慢として語りつがれているが、敗戦後は、弓を引く人もなく、また、占領軍の古武道中止命令で弓具店を営めないことから、兵役時代に身につけた電気知識を生かした電気モーターの再生販売業をしつつ、武道の復活を待った。昭和二六年頃、弓具店への完全復帰をしたという。このように、戦後すぐの再建は、まちを含めた全体の復興が実感できるまでは業を変えてほそぼそと看板を守るということがあった。

寿司屋名店いろはも、戦災で店を焼け出された後の復興は、木造二階建を再

図 3-1-44：戦後猿楽町に建てられた、木造による看板建築の豊島屋本店全景（写真は昭和 40 年頃）。（図版提供：株式会社豊島屋本店）

建したが、しばらくは、食料品の統制で寿司屋としての食材が思うように手に入らず、その間、佃煮屋をやっていた。他にも、駿河台で図書館用品を扱うキハラ株式会社は、幸い戦火をまぬがれたが、戦後は、図書館が再開されるまでは苦しかった。洗濯の張板を出して、作ったノートや単語帳、それに煙草の紙巻き器の紙もなんでも並べて売り、食いつないだという。

○災害を残り越えて、残り続けたもの、守りたいもの

多くが灰燼に帰す中で、幸いにして残ったもの、店舗や住まいがなくなったとしても残さなくてはいけないものがある。運良く残ったものは、その後も続く老舗の営業のある種の象徴ともなり、今も大事にされている場合がある。株式会社山形屋紙店では、関東大震災とその後の戦災にもめげず、蔵は今でも健在で、たくさんの紙の保管場所となっている。福井自動車株式会社は、安政の江戸地震、関東大震災、戦災と、三度の大火で家は焼け出されたが、その都度家の者がこの仏壇を背負って逃げた。勿論現在も使われている。福井家にとって大変貴重な、家宝とも言える存在となっている。うなぎの名店、神田川本店は、東京大空襲で家屋は焼けてしまったが　店の命であるタレは人よりも先に疎開させたと聞いているという。

多くのものはなくなってしまったが、それでも無形であっても守るものがあればこそということもあるだろう。有限会社三河屋綾部商店は、震災、戦災と二度の大火で貴重な品々はことごとく焼失しているが、糀菌から作られる主力商品である納豆、甘酒、味噌は、創業時からの製法を守り、全国のお客様に出荷してい

図 3-1-45：いろは寿司の戦後再建された 2 階建て木造店舗
（図版提供：株式会社いろは）
いろは寿司の暖簾の右側は、佃煮の売り場だった。昭和25 ～ 30年頃。

る。これもまた、変えたくない老舗の大事な看板である。有限会社ヤマモト鞄店は、関東大震災と第二次世界大戦があり、店も区画整理や建て直しがあったが、一貫してこの地から動かなかった。これもまた、災害に屈さない老舗の態度のひとつといえるだろう。

○戦災を越えて、攻めの商売を展開する

「復旧ではなく、復興を」

これは、被災による原状回復を目指した再建ではなく、むしろこれを機にさらなる商売の発展を目指すものでもある。株式会社花慶は、太平洋戦争が始まり、戦時中は細々とした商いであったが、店主自ら生産地に直接出向いてチューリップを仕入れて軒先に並べておくと、すぐに売れたという。花を求める人の心は、こんな過酷な時代でもあったのだ。戦災で神田の店が焼失し、終戦とともに昭和二〇年（一九四五）日本橋小伝馬町に本店を移した。しかし、翌年の昭和二一年（一九四六）旧丸ビルのオーナー（三菱地所）から出店の依頼を受け、旧丸ビル一階に日本で最初のテナント花屋を誕生させ、世間の耳目を集めた。丸ビル店は、その地域に進駐軍のオフィスが沢山あったため、花がよく売れたという。進駐軍を相手にたくましく新しい販路を拡大して、花慶は昭和六〇年、岩本町の現在地に花慶ビルを建て、神田に戻ってくるのである。

図 3-1-46：柱に大正元年の墨字の年号がある山形屋紙店の蔵。

図 3-1-47：大正 12 年（1923）竣工の旧丸ビル（図版提供：縮刷丸の内今と昔［昭和 27 年（1952）発行、三菱地所株式会社出版］）**と、昭和 21 年（1946）にその一階で日本で最初のテナント花屋となった花慶丸ビル店。**（図版提供：株式会社花慶）

（五）一国一城の主として店を構える

ここまで立地を中心に見てきたが、その土地には守るべき一国一城ともいうべき店が建てられる。当初は、店舗は店舗兼住居として、従業員も含めてそこに起居することが多かった。事業が大きくなるにつれて、人が増え、手狭になり、建て替えるというケースが多いようだ。それぞれの老舗は多様な一国一城を築いていった。

○店は地域の顔

まずは、神田駿河台の名倉クリニックを見てみよう。四人兄弟の長男として千住で生まれ育った五代目名倉謙蔵氏（慶応二（一八六六）～昭和一四（一九三九））は、東大医学部の前身である東大の別科を卒業し医師の資格を取得した後、昭和六年神田駿河台に西洋医学を取り入れた整形外科専門の病院を築き、初代の院長に就任する。神田駿河台にこのとき建てられた四階建て黄土色スクラッチタイルで外壁が覆われたこの建物は、その後七四年間、平成一八年に建て替えられるまで、この地のシンボリックな名建築物として親しまれた。

株式会社竹尾も初代の甥にあたる二代目社長の時代は、ちょうど第一次世界大戦後の大不況に加え、大正一二年（一九二三）の関東大震災で店を焼失するなど大変な時代だったが、昭和四年（一九二九）には三階建てのビルの竣工、繁栄の基礎を築いた。昭和一二年（一九三七）に、合資会社から「株式会社竹尾洋紙店」に名称を変更し、「信用第一」「顧客へのサービス」「紙のデパート」をモットーに社業の発展に貢献した。このように店舗や医院を地域に向けた顔として、

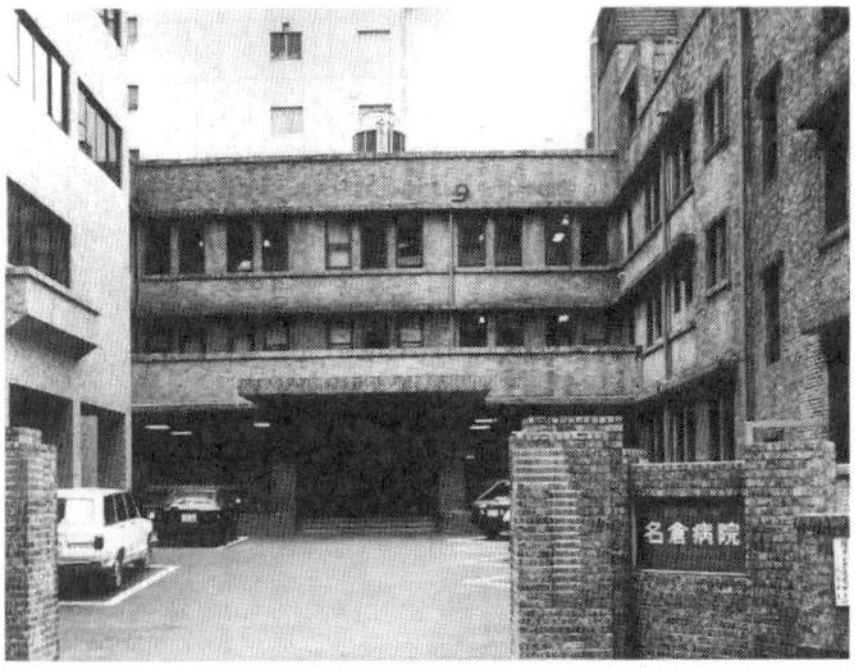

図 3-1-48：昭和 6 年（1931）建設された 4 階建て黄土色のスクラッチタイルで覆われた神田駿河台名倉病院。（図版提供：名倉クリニック）

それぞれの事業を展開する上でそれぞれの自前の建物は重要なものであった。

電気雑誌の老舗である株式会社オーム社は、発行する雑誌「ＯＨＭ」で、当時の若手電気技術者のエリート中のエリートといわれる五人に毎号読み切りのエッセイを書いてもらう「フッドライト」欄を昭和四年（一九二九）四月号から昭和九年（一九三四）六月号まで連載したことで、「ＯＨＭ」は「日本で重きをなす電気雑誌」の地位を固めることが出来た。これを契機として、それまで社屋は依然として大株主でもある電機学校から借りていたが、建築費を自前で調達するならば建ててよいとの了解が得られ、錦町三丁目の現在地に新社屋建築が決まったという。幸い昭和一〇年（一九三五）から出版した『電気工事読本』（池田栄一著、三巻）のヒットで、建築費の半分のめどがつき、残りは関東大震災の直後にできた復興建築助成公社から低利資金を借りた。時は盧溝橋事件の勃発など軍需物資優先となってきており、建築用鉄材は一建物五〇トンに制限された。このため、半分を地上三階地下一階の鉄筋コンクリート造、半分は木造二階建てとなったという。このようにそれぞれの自社ビルの建設の苦労も多様である。

○高度成長期以降にビル化

町の様子ががらっと変わったのは関東大震災後の帝都復興であるが、戦後高度成長期以降に戦後復興から蓄財してきたものがビル化して姿を変えていく傾向にあるようだ。関東大震災で本社ビルが焼けた株式会社龍角散は、この二代目得三郎（米次郎）の力で全国に知られる存在になった。当時、本社ビル裏手に工場と倉庫があり、一階は薬局になっており、家族は二階と奥に住んでおり、職住を兼

図 3-1-49：昭和 38 年（1963）ころのオームビル（図版提供：株式会社オーム社）

ねていた。このスタイルが戦前から戦後にかけては主流だったのである。

　旅館業の株式会社龍名館は、昭和四七年（一九七二）、慣れ親しんだ本店の建て替えを決め、四年後に一二階建のビルを竣工。旅館の規模は縮小したが、その後は第二龍名館ビルの建設を経て「花ごよみ」を出店するなど、平成にかけて飲食事業もさらに展開していった。二階建ての木造店舗から七階建てのビルに建て替えたのは、有限会社三河屋綾部商店の一三代目綾部正氏である。正氏は町会長を二〇年近くやりながら、千代田区の弓道連盟の会長も努める趣味人でもあった。こうした流れは、紀伊國屋漢薬局も同じで、一三代目土田茂雄氏（昭和一九（一九四四）～平成六（一九九四））の代に、第二次世界大戦を経験するが、戦時中、郷里の群馬に疎開している間に、神田の店は焼失。戦後すぐにバラックを建て再スタートを切り、昭和三〇年ごろには二階建ての店舗と住宅を、昭和四八年には現在のビルを建てた。印刷業の株式会社三秀舎の山岸晟《あきら》氏は、板橋区大山に自宅を構えていたが、創業地にこだわり昭和三九年に美土代に本社ビルを建て、四〇年に錦町に工場を

図 3-1-50：龍角散、薬局の店内の様子（昭和初期）（図版提供：株式会社龍角散）

図 3-1-51：建て替え前の龍名館
（図版提供：株式会社龍名館）

完成させた。小山弓具八代目小山雅司氏は、父に店については自分の自由にしてよいとぽんと実印を渡されたが、後日、経営者のお客様から宮仕えのサラリーマンになるよりも、自分の意思が通る家業を継いだほうがいいぞと助言をもらい、二一歳の時に店を継ぐ決心をしたという。そこで、淡路町の家を貸しビルにして家賃収入を得ることで、職人最大の問題点である安定収入を得ようと小山氏は考えた。早速実印を持って銀行に掛け合いに行ったが、二一歳の若造に対して全く相手にしてくれなかった銀行と、親身になって相談に乗ってくれた銀行があったという。無事ビルは竣工し、昭和四七年（一九七二）、七年後の二八歳で現在の須田町一丁目にもビルを建てたという。この時代は、建物普請に苦労やエピソードが多いのである。

○鳴り物入りで地域の顔となるビル建設

一世一代、一国一城の主としてのビル建設、本社建て替えとなると、その心持ちはいかほどか。それぞれその時代の先端となるような建築を建てなくてはと、気張るものでもあろう。

大屋書房の二代目大屋宇恵雄氏（明治三九（一九〇六）～平成二（一九九〇））は、震災、戦災と二度の悲惨な出来事に遭遇して、言葉では表せない大変な苦労があった。戦時中、戦地には行かず、中島飛行機で徴用され、家族は浦和へ疎開した。その間、空襲により神保町北側は焼け野原になったが、幸い店のある神保町南側は戦禍から逃れることができた。戦後、商売を再開し、借家であった店舗を買い取り、昭和三七年（一九六二）に千代田区第一号となる共同ビルである現在の社屋を竣

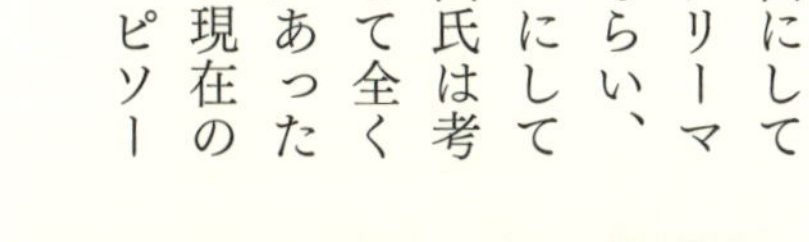

図 3-1-52：小山弓具、須田町本社店内にて
右が八代目小山雅司氏、左が九代目塙将一氏。

工する。時代がたまたまそうであったともいえるが、共同ビルの第一号に地域では話題となった。

　鍛冶町の有限会社ヤマモト靴店は、昭和五六年に新築ビルに取り掛かったが、基礎工事中に耐震基準が変わり、工事を一時ストップして耐震構造のビルにした。千代田区でも先駆けだったようで、工事中も、完成時も沢山の関係者が見学に来たという。このように、周囲に話題を生むビル建設は、見栄を張りたがる神田の老舗の特性ともいえる。

○その土地にこだわり、商売を続ける

「先祖の残してくれた錦町は、私にとってかけがえのない大事な場所」と語るのは廣瀬ビルディング株式会社の三代目廣瀬元夫氏。先代の廣瀬與兵衛氏（明治二四（一八九一）〜昭和四一（一九六六））は、普請道楽でもあったようで自宅では洋風の生活で、二階にサンルームを造ったりしていた。薪炭問屋であった廣瀬與兵衛商店は、錦河岸（神田錦町三丁目一七番地）に店舗を構えており、現在当主の元夫氏も、本籍は錦町三－一七で年賀状には廣瀬本家、本籍地と入れている。昭和四六年に、戦災前の本拠地にビルを竣工させ、先代の意思を死別後五年で果たすことができた。三〇歳からの一〇年は世代間のぎりぎりの引継ぎを果たすべく本当に危機感を持って働いた時期だったという。現在廣瀬ビルと東ネンビルになり、東ネンビルの一階は、東京燃料林産株式会社のショールーム炭屋となっており、日本が誇る炭の文化を発信している。

　土地に根ざして商売を続ける老舗の中には、一方で、建て替えをせずに、戦災を逃れた店舗で今もこだわりの商売を続ける老舗もある。神田多町で明治後期に豆腐屋を創業したといわれる越後屋である。現在は四代目石川賢治氏が先代義昭氏から見よう見まねで引き

図 3-1-53：錦橋のたもとの廣瀬炭店
戦災で大事な写真、資料の大部分が焼失。僅かな資料の一つ、当時の面影を留める絵柄の手拭い。

継いでいる。多町の路地にも面した築九二年になる戦災を逃れた味わい深い建物。そして、熱が全体に回りやすい地釜。越後屋の後の字だけが残っているが、これもご愛嬌。ここで今日も美味しいバケツ豆腐が作られている。

二　時代に適合することと個性を守るということの相克

老舗は、生業を守り、細く長く特色ある商売展開してきた。それは、時代に適合する商売に工夫を凝らしながら、同時に個性を守ることも大事にしてきた。この一見矛盾しているかに見える行為が老舗をしなやかに強くしてきたとも言える。本項ではそうした老舗の努力や工夫に着目してみたい。

(一) 老舗がリードするもの

老舗は、時代を牽引するイノベーションをどのように起こしてきたのだろうか。また、そのイノベーションを一つの特色ある看板として、どのように発展させながら守ってきたのだろうか。そうした時代には中興の祖となる人物が老舗の看板を守り、さらなる発展を遂げてきた。また、その傍らで業界団体や産業組合を組織したり、リードしたりして、産業全体の発展にも寄与してきた。

○創業者の先見の明

老舗が老舗たる所以は、創業者の先見の明による特色ある商売展開に尽きると言っても過言ではない。

笹巻けぬきすし総本店の創業は忠臣蔵で有名となった赤穂浪士の討ち入りの年、元禄一五年（一七〇二）である。笹巻鮨の由来は、戦国時代、飯を殺菌力のある笹で巻いた携帯食を兵糧として戦陣で食べていたというところから、初代嘉衛門がヒントを得て考案した。冷蔵庫のない時代に、痛みやすい食材を少しでも長く保たせるために、当時は酢と塩を多量に使い、それを笹で巻いた笹巻鮨を完成させ、世に広めた。けぬきの由来は、その頃来店した旗本や幾多の諸侯たちが、毛抜きで魚の小骨を抜いて鮨を作るのを見て、「面白きことよ」と喜び、笹巻鮨を毛抜鮨と呼んだことから現在の名が付いたと言われている。そして、この形が今も昔ながらに受け継がれているのである。

また、明治八年（一八八二）創業の高山本店の創始者である高山清次郎は、久留米の黒田藩で弓を扱う武士の出身であった。弓の仕事から、本を扱う仕事に転身させたのは、明治維新後の日本が大きく変わろうという時代背景があったことが見逃せない。当時、本を読み学問を身につけていた武士との付き合いのあった清次郎は、彼らから古本を買い取り、それを必要とする人々に売るという、古書販売の原点を明治八年久留米にてスタートさせ、その後神田神保町へ移転した。商売の仕方も、立地についても先見の明があったのである。

○中興の祖のイノベーション

さらに初代が創業して築いたものをさらなる革新を持って、老舗を発展させるものもある。中興の祖と言われる人びとである。

老舗出版社の株式会社東京堂。中興の祖は、六代目の実弟である七代目岩出貞

図 3-2-1：震災で焼ける前あった絵草紙の復元（けぬきすし）
（図版提供：笹巻けぬきすし総本店）
十二代目宇田川洋子氏の祖母が思い起こして、絵師に描いてもらったものを店内に掲げてある。

夫氏であろう。六代目の急死によって、乳酸菌飲料の容器を作る会社「藤本産業」から来てもらった人物である。取締役経理部長で、計数に明るく、兄の路線を引き継ぎ、昭和五一年（一九七六）一一月の九段下・千代田ビル（地下四階地上二〇階建て）を皮切りに、昭和五三年（一九七八）三月には錦町ビル（九階建て）、五六年（一九八一）四月神保町第二ビル（四階建て）など不動産経営に積極的に取り組み、昭和五七年（一九八二）九月にはすずらん通りの本社ビル神保町第一ビル（地下一階地上六階建て）を完成させ、また、昭和四五年（一九七〇）に吉祥寺支店も開設した。

就任時に「失敗してもいいから、これはと思う販売企画をどんどん出して実行してほしい」と社員に呼び掛け、新しい視点で取り組んだ。書店と出版の役員も、生え抜きからも登用し、また、読書家中心の店作りから女性や若い層もくつろげるように照明を明るくするなどの改装も行った。このように経営を安定化させるための多角経営と、人材育成を他社での経験ある親族から登用することで中興の祖となっていった。

他にも、自らの看板商品をより確かなものにしようと努力するものもいた。株式会社龍角散三代目得三郎（勝之助）は、「龍角散」の科学的な裏づけを大阪大学の研究室に在籍していた息子の康男に依頼する。研究機関に分析をしてもらうと、「成分は完璧、このまま何も加えてはならない」と言われた。自信をつけて、商売に専念したという。

株式会社豊島屋本店一二代目吉村政次郎（〜昭和三三（一九五八））は、昭和初期には、製品をいち早く届けられるよう、都下の東村山に蔵をつくった。政次郎の蔵

図 3-2-2：東京堂 7 代目岩田貞夫氏
（図版提供：株式会社東京堂）

図 3-2-3：豊島屋本店 12 代目吉村政次郎
（図版提供：株式会社豊島屋本店）

麦店への販路開拓によって敷かれたレールと、金婚と名づけられた東京の銘酒を開発したという二本のレールは、現在にもしっかりと受け継がれている。

大木製薬株式会社の一一代目大木良輔は、一般大衆に向けたユニークな引札（チラシ広告）の製作や、大木の取引先に向けての出版物として「薬店ニュース」「薬業界の動向」「応用タイムス」の発行と精力的に新しい情報を発信し続けることで、家庭薬の大木が確立していった。

○業界全体をリードする活動

老舗は、自らの経営基盤を安定化するだけではなく、業界全体としての基盤の底上げにも尽力しているケースが多く見られる。

そば打ち技術は門外不出のように見えて、簡単に技術習得できるものではないせいか、横のつながりでの勉強が欠かせないようである。神田錦町更科二代目亀雄（明治二六（一八九三）～昭和四三（一九六八））は、独自の道を切り開き、手打ち蕎麦の名人としての地位を確立した。東京でそば打ちが出来るのは、上野の蓮玉庵と亀雄の二人だけと云われるほどの名人であった。「水まわし」と云う木鉢で蕎麦を練る技術だが、蕎麦粉と水の馴染ませ方や、次の工程の「鏡のし」といって、真円にするのがうまかったと伝わっている。鏡餅を作っても、通常一週間も経てばひびが入り割れるが、亀雄が作った鏡餅は一週間経っても割れないと、一般人はもとより同業者たちからも耳目を集めた。蕎麦店老舗と謂われる大旦那たちに手打ちを教えたり、ご縁のあった主催者の会合に呼ばれて蕎麦打ちの実演をしたり、更科蕎麦を大きく世に知らしめた。

他にも、かんだやぶそばの初代も東京蕎麦饂飩商組合の創立に尽力したことが伝

図 3-2-4：廣瀬ビルディング 2 代目與兵衛
（図版提供：廣瀬ビルディング株式会社）

えられている。

業界団体の立ち上げ、支援は、他の業界でも多く見られる。

薪炭燃料を扱う廣瀬ビルディング株式会社は、第二次世界大戦中、家庭用燃料は統制を受け配給制となり、昭和一八年家庭用燃料を配給するため地区単位にあった組合を統合。そして、東京都燃料配給統制組合を設立し、二代目與兵衛が初代理事長に就任。昭和三三年、組合の会長を六五歳で退いてからも、「自分は燃料界を離れては何の意味もない。今日の廣瀬の成長は業界のためである」として、自分の育てた全国燃料会館や出身地東京業界の斜陽化を心配していた。急逝する半月前、虫が知らせたのか現当主を呼び、東京燃料問屋協会ならびに東京都燃料小売商業組合に多額の寄付を命じ実行した。寄付の完了の報告を聞いて、昭和四一年鎌倉の自宅で静かに亡くなった。常に燃料業界と家庭を大切にし、将来を思いつづける人だった。

他にも株式会社カインドウェアは二代目喜之助の時代に東京既製服同業界、東京既製服製造卸協同組合などの要職に押され、業界発展にも力を尽くし、株式会社竹尾は三代目榮一*の時代に日本洋紙商連合会や東京洋紙同業界の理事長など全国組織の紙卸商業界団体の長を歴任した。株式会社オーム社は、出版文化の国際交流にも力を注ぎ、昭和二七年（一九五二）に「アジア文化交流出版会」の設立に協力し初代理事長に就任。その後、現在の「一般社団法人出版文化国際交流会」へと発展させている。

最近では、株式会社リーテムの五代目彰良氏（平成一九（二〇〇七）就任〜）が平成一〇年（一九九八）に、全国リサイクルネットワークをつくり「広域リサイクルマネジメントサービス（J－RIC）」を組織化するなど活動は目覚ましい。当

＊竹尾の二代目も榮一であり、三代目はその名を継いだため二代目榮一と呼ばれる。

図 3-2-5：曾祖父の着物を着るリーテム 5 代目中島彰良氏
（図版提供：株式会社リーテム）

時はまだ、リサイクルマネジメントという概念もほとんどない中で各地の業者と提携してシステムを紹介し、それぞれの地元で処理するネットワークを作り、法的側面でも支援をしている。

(二) 不易流行、商売の転換点

伝統を守り続ける老舗において、そこで問われている伝統とは、むしろ守るために変わり続けるということ、新しいことに挑戦し続ける姿勢が見られる。そして、大きく商売を転換することも時には厭わない。老舗にとって不易流行とはどういうことであろうか。また、商売を大きく転換するときどのような判断がそこにはあるだろうか。

○老舗の味を守る大原則

老舗の伝統とは、特に飲食店にとってみるとそれは、味という形で顕著な店の看板をいかに守るかということに表れてくる。うなぎの神田川本店では、先代である一〇代目の父から「よそ見をするな」とよく言われていたと現当主一一代目の神田茂氏は語ってくれた。よそばかり眺めていると、いずれつまずき、転んでしまう。つまり商売も、目の前のものをきちんと見極め、邪念に振り回されるなということだと理解したという。うなぎ屋は、一品商いという家業であるため、あえて変えないことが大切だ。しかし、最近は、国内産のうなぎの供給が低迷し、外国産の安価な蒲焼に押されている。また、蒲焼につかう竹串も南方からの輸入品がほとんどで、国産の竹串を手に入れるのも難しくなってきている。燃料の国

図 3-2-6：神田川のうなぎの蒲焼
創業当時の味を受け継ぐ蒲焼。炭火の香りと上品な脂の照りが食欲をそそる。

産の炭も値上がり、ガスへ切り替えるうなぎ屋も少なくない。手間も経費もかかる現在の方法を今後も続けるべきか、自問自答の日々だという。

老舗の味で思い出されるのは、構雄造商店の練り物ではないだろうか。人気商品だったはんぺんとさつまあげをはじめ、種類は二三種ほど。どの商品もつけ味は最低限の量にし、食べた時に口の中で魚のうまみが膨らんでいくような商品を心がけていた。先代はよく「新鮮に勝るおいしさはない」と言っていた。そのためにも、冷凍すり身などには頼らず、手作業で生魚と向き合う。手間を惜しんでは、いいものは出来ないと語っていた。このように、手間を惜しまず店の看板である味を日々守ること。これが大原則である。

○新商品を町柄に響かせる

「激辛煎餅」で今や全国区となった煎餅の老舗淡平は、昭和六一年の発売当初は同業者からその挑戦的な商品を心配する声もあったという。

「激辛煎餅」は、販売を決断した母のチャレンジ精神と神田の町柄がうまくマッチングして生み出されたものだと四代目鈴木昭氏は考えている。時代の先端を行くビジネスマンが集まる神田は、常に目新しいものに対して敏感な町。これまでになかった「激辛」や「イカ墨」味の煎餅は、こうした神田の町柄とうまく融合し「都会の煎餅屋の味」として、多くのビジネスマンに育てていただいた感覚だという。

また、ユニークな味の煎餅造りで高度成長と共に発展した淡平

図 3-2-7：構雄造商店の練り物
商品一つひとつに、旬の海の幸の味が凝縮されている。

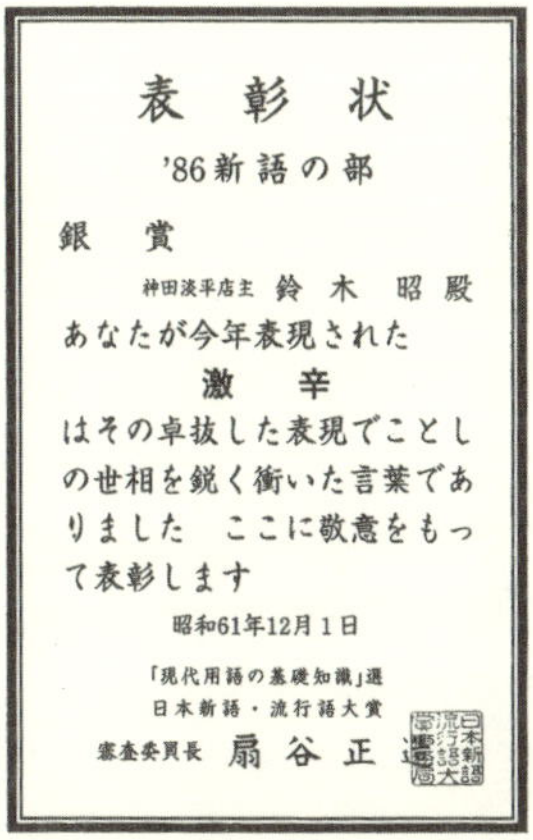

表彰状

'86新語の部

銀賞

神田淡平店主　鈴木昭殿

あなたが今年表現された

激辛

はその卓抜した表現でことしの世相を鋭く衝いた言葉でありました　ここに敬意をもって表彰します

昭和61年12月1日

「現代用語の基礎知識」選
日本新語・流行語大賞
審査委員長　扇谷正造

図 3-2-8：「激辛」ブームの火付け役となった激辛煎餅は昭和 61 年には流行語大賞銀賞を受賞した。（図版提供：株式会社淡平）

も、バブル崩壊、リーマンショック等の平成不況の下、新たな方向性を模索し打ち出している。それはかつては当たり前に日常にあった風味、昔ながらの手焼醤油煎餅の復活・再生産だ。代々受け継がれてきた味と手法を変えることなく、三代に渡り受け継がれてきた素朴な煎餅作りを貫くこと、これを自分の使命だと現当主五代目敬氏は考えている。

○客の好みの変化に合わせて変革を繰り返す

いろは寿司の社名に「寿司」がなくなったのは、昭和二四年のことである。先代の隆司氏が、デパートのお好み食堂のスタイルで、寿司、天ぷら、うなぎから洋食まで何でも好きなものが食べられる店づくりに着手したためである。屋号も和食は「いろは」、洋食は「A1・エーワン」として、レジを真ん中に左が和食、右が洋食という今では一風変わった店内サービスをしていた。

四代目裕隆氏に変わった現在では、時代が大きく変わり、お客様の嗜好はお好み食堂から専門店に向いている。昭和の最後の年に建てた神保町いろはビルの地下と竹橋のパレスサイドビルで「いろは」の原点にかえり寿司の専門店に戻った。

○国際化の時代に多様化で生き残る

文具の株式会社玉川堂でも現在大きな時代の変化を感じている。高齢化がますます高まり、趣味も多様化している中で、扱う筆だけでも何百種類、紙も質や色で多品種を用意しないと商売にならないという。また、近年の国際化の流れで西洋人でも東洋文化、日本文化に理解ある人が増え、店を訪れる外国人客は確実に

図 3-2-9：3 代目隆司とにぎわう店内（図版提供：株式会社いろは）
にぎり1個10円均一の札も。昭和40年頃ビル化して一階から四階までお好み食堂ビルとなった。

増えてきている。自国では買えない高価な良品を求めてわざわざ来店する中国人や台湾人、韓国人の客の姿もある。最近ANAなどのガイドブックに取り上げられ、それを見て早速訪ねる客もいる。そんな傾向を見ると、八代目の息子征一氏と一緒に、世界に開かれるホームページをしっかりしたものにしなければと七代目彰氏は話し合っている。

○時代の流れに応じて変化を厭わない

近代に入って商品ラインナップを変えていきながら時代に対応する老舗も多くいた。例えば、神田市場が近接していたことから大八車を売っていた福井自動車株式会社は、その後荷車から自動車へと変更していき、時代の流れに応じた車づくりをしていったといえる。

和洋菓子松屋は、三代目の時代からそれまで和菓子一本の老舗から洋菓子も展開するようになった。三代目からは、世襲名松屋伝兵衛を名乗るのは止め、その後は現在まで西井姓で通している。理由は、世襲名を続けるには驚くほどのお金が掛かること、また華道、茶道、書道、能楽等と違って、東京の和菓子屋ではこの時代をもって世襲名を残す店は、松屋と同様になくす方向にあったからということがあるようだ。伊勢出身の和菓子屋であるため、松屋大和を屋号としていたが、三代目はケーキも扱うようになり、屋号も松屋に変えた。江戸期での和菓子は生菓子で、庶民には手の届かない、大変高価なもの。味は砂糖の量を多くすることで保存していたので、甘すぎて今の時代には合わない。現在店にある「松最中」は、明治に入ってからの菓子なので、甘味も当時より控えめになっている。

図3-2-10：松屋の最中の鉄製焼型
昭和7年から平成17年まで使われていた。

伝統を引き継ぐ老舗にあっても、このように伝統の簡素化と合わせて、洋菓子の新規路線による多角化の努力を経て、今に至っているのである。

○社員を大事にすること、堅実に商うこと

印刷業の株式会社三秀舎では、昭和五三年（一九七八）に七代目山岸眞純氏が就任し、社内改革に重点的に取り組んだ。経理の原価計算を徹底的にマスターし、設備投資に使った多額の借金をうまく返済したことを皮切りに、電算システムの導入、神田工場の越谷への移転、平成元年には父の建てたビルの建替えなどに着手した。この年同時に、労働時間の短縮に取り組み、それまで年間九一日の休みを一二三日に一気に増やしたことで、結果その後から若い優秀な社員を迎え入れることが出来るようになったという。時はバブル景気の終焉期だったが、こんな景気が続くわけがないと、本業以外の余計なことには一切手を出さず、いい社員に巡り会い、社員を大事にした堅実経営に徹したことでバブル崩壊の余波を免れた。

二〇一〇年が電子書籍元年と謂われたが、一〇年以上続く出版不況を打破するのが電子だと三秀舎では考える。紙から電子に変わろうとする大きな時代の潮流に、乗り遅れないために、次期社長となる山本専務を筆頭にプロジェクトチームを立ち上げた。ここでは、不易流行の精神で、変えてはならないもの、変えなければならないものを見極めて、三秀舎は永続を目指すと語る。

図 3-2-11：三秀舎応接室にて
右が7代目山岸眞純社長、左が新分野の開発を進める山本静男専務。バックの書は6代目晟氏が師事した賀川豊彦の書いた敬愛、勤労、純潔、平和、奉仕の書。これは三秀舎の社是ともなっている。

○変革が日本の衣服文化を築く

フォーマルウェアの株式会社カインドウェアを現在の地位を確立したのは、中興の祖とも言える三代目渡邊国雄氏の存在がある。元々歴史研究に没頭し、神職のかたわら神道の研究を重ね国学院大学の学長にまでなった人物だった。本業に差し支えない範囲で研究を続けた成果は、研究論文にまとめられ文学博士の学位を受けた。二代目渡邊喜之助氏の娘益江と結婚していた国雄氏は、「妻の実家に万が一のことがあったら、渡邊家を継いで欲しい」との要請を受けていたため、妻の兄の訃報を知り夫婦養子の形で渡邊家を継ぐことになったのである。

学問の世界で育った学者のような国雄が、妻の実家である紳士洋服商に身を投ずることになったのは戦後間もない昭和二二年のことである。「特徴のない企業ではこれからは生き残れない」という結論から、黒の略礼服を自社の主力商品にしようと決断。国民の生活水準はこれから確実に豊かになり、衣食が足りれば礼節が重んじられるだろう。黒の略礼服がそれまでの羽織、袴に変わる礼服となるであろうと信じ、国雄はこれを世に送り出すための市場創造に力を尽くした。昭和二六年日本橋髙島屋に特に頼み込み、業界で初めての礼服コーナーを設置した。礼服といえば注文仕立てのモーニングが主流だった市場の中で、功を奏して徐々にダブルの略礼服が消費者に浸透していったのである。フォーマルウェアのコーナーが定着すると、お客からこれに合うネクタイを、ワイシャツを、という問い合わせが来るようになりトータルで物を売るような仕組みが出来上がった。今ではトータルでの販売は当たり前だが、これは当時では初めての売り方だった。

このような実績を経て、宮内庁から「公式礼服の御用を拝命」し、その実績を

図 3-2-12：カインドウェア 3 代目渡邊国雄氏（図版提供：株式会社カインドウェア）
「宮内庁御用」看板のある会長室にて（昭和60年頃会長時代）。

もって礼服でいわゆる「皇室御用達」企業の仲間入りをし、日本の服飾文化を担っていくことになった。現在は息子の喜雄氏が社長に就任し、「百周年後もしっかり踏ん張れる土台を創るのが四代目の私の使命だろう」と考えた。創業時からの歴史を辿り見えてきた自社の理念は「規模ではない世の中に無いものを作ろう・創造性を豊かに」と。「絶対に物まねはしない。よそ様ではまねの出来ないものを」。五年間かけて次の時代の柱とする候補三つを挙げ、そのうちから一本に絞り込んだのが介護用品の製造販売への進出である。初めは誰も相手にしてくれなかったが、付き合いのある東急の社長に直談判し、「素敵な介護コーナーを作りましょう。これは百貨店としての使命です。」と説得。今までにない高齢者向きのファッション性に優れたステッキや用品を提案した。これもすぐに反応はなかったが、日本の高齢化が進むにつれ徐々に売り上げも伸び、一九九九年には介護ショップは全国で百店体制となり、社名も〝KIND WEAR〟から〝KIND WARE〟に英字社名を変え、洋服のウェアだけの時代からの脱皮を果たしたのである。

(三) お客様あっての商売

商売とは当たり前のことだが、お客があって成立する。特にまちで出店している店舗にとって、まちのひとは大事なお客様であり、共に暮らす生活者でもある。地域の人びとの交流を描く。

○日々のお客と向き合う情熱

日々の商売で、お客と顔を合わせるという意味では、食料品店や飲食店ほど多くのお客と日々向き合う仕事もないだろう。

神田多町の豆腐屋の越後屋では、代々、言い伝えを守り、豆にこだわった豆腐づくりをしている。炊きを効率の良いボイラーではなく、地釜にこだわり、焼き豆腐もバーナーではなく炭を使う。味の違いは歴然だという。三代目の義昭氏は仲の良い板前と「面白い豆腐、作れないかな」といろいろ試作した。専用のかくはん器を作り、豆乳を二～三倍の濃さにして藻塩を混ぜ、海水のにがりで固めた豆腐が出来上がると、客が皆うまいと言ってくれた。これをバケツに入れ、西口商店街に持っていったら、バケツ豆腐と命名されヒット商品になった。お客さんとの会話で教えたり教わったりの中で、アイデアがどんどん出てくる。「この商売を継いで良かったと思える時は、何と言っても自分が作ったものを、お客さんがその良さを認めて買ってくれた時、それは嬉しいですよ。」と義昭氏は語る。

中華料理の揚子江菜館では、中国から渡ってきた初代所橋の長男周《しゅう》子《し》儀《ぎ》氏（大谷子儀）（明治四三（一九一〇）～昭和五八（一九八三））が、現在のお店のメニューの基盤を作った。初代の妻が大谷姓の日本人で、二代目は生まれも育ちも日本。店の特徴は、タレ。三杯酢からおこしたタレは、二代目が日本人の口に合うようにと作った。甘いけれどさっぱりしていてくどくない。これは二代目からのずっと変わらない味である。そのタレが存分に堪能できる甘酢系の料理の代表格が、酢豚、カニ玉、肉団子、鶏のから揚げ甘酢かけである。そして昭和八年に生まれた元祖「冷やし中華」。二代目は神田連雀町の「まつや」の蕎麦が大好きだったことから「中華そば」で「ざる蕎麦」のような料理を、という発想で考案した。神田の蕎麦の名店に刺激を受けて、冷やし中華は生まれたのである。「雲を頂く富

図 3-2-13：越後屋の地釜
熱が全体に回りやすい地釜。ここで今日も美味しいバケツ豆腐が作られる。

士山の四季」をイメージした山高の盛り付けは、今も変わらず人気メニューだ。

二代目は、読書家で研究熱心な人物だった。反面頑固で、駄目なものは絶対許さない。材料と味には絶対の自信を持っていたので、たとえお客様でも「この味で文句があるのなら、お金は払わないでいいから帰ってくれ！」と決してお客様に媚びない人物だった。

現在四代目の沈松《ちんしょう》偉《い》氏は、こう語る。

「二代目は徹底的に食材にこだわりました。その結果シンプルで美味しい中華料理を確立したのです。自分の腕を自慢してはならない、いい材料があってはじめていい料理が出来ると。

この教えのおかげで、今も沢山の馴染み客が来てくれています。皆さんがこの味を求めてわざわざ遠方からも。仕事をしていて一番嬉しいのは、いつ来ても昔からの味をちゃんと守っているね、という言葉をいただいたときです。今、神田の町にもチェーン店化した新しく安い料理店が次々に出来、古いお店が店を閉めていく傾向が見られます。チェーン店では絶対真似の出来ない、先代から培ったノウハウがここにはしっかり根付いています。今私は三代目から、百年以上続く店を四代目として任されているという責任の重さを、毎日感じて仕事場に立っています。この仕事は単純作業の連続ですが、この単純作業に飽きたら終わりです。常に情熱をもって取り組むことで日々の発見があり、継続することが出来るのです。」

図 3-2-14：揚子江菜館の看板メニュー、“五目涼拌麺（ごもくひやしそば）”
（図版提供：都市出版株式会社）
昭和８年に２代目子儀が「雲を頂く富士山の四季」をイメージして考案した。味も盛り付けも今も昔と変わらず、当店の人気メニューのひとつとなっている。「東京人11月号（2011年11月3日発行）より。

○神田ならではのお得意様の信頼を得る

貸し布団、寝具の老舗である有限会社鈴木太兵衛商店は、神田ならではのお客がついている。今も付き合いのある歌舞伎座の松竹衣装部は、鹿の子しぼりの日本舞踊やこたつ布団用に、他には名立たる築地、新橋、赤坂の有名料亭や旅館、相撲部屋、大学病院など布団、座布団のニーズが多いという。布団は売りっぱなしではなく、後々の面倒も大事な仕事で、売って終わりではない行き届いたサービスがこうした客の信頼を得ているということだろう。忙しい最中、主人が職人と一緒に宮中に布団を作りに行き、一週間も帰ってこなかったこともあったという。印象深い思い出となった出来事としては、歌舞伎の一二代目市川団十郎が一〇代目海老蔵の時代に結婚が決まり、団十郎のカラーである古代紫と浅葱（あさぎ）色のちりめん（絹を平織りにして作った織物）で布団を作りそれをしばらくの間、駿河台の主婦の友で展示したことと語る。

有限会社ヤマモト鞄店でも、高度成長期に入ると全盛期を迎え、店の人員も六〜七人おり、神田駅から兜町まで歩いて通う、証券会社のお客様も大変多かったという。外商にも力を入れ日銀はじめ名だたる上場企業のお得意様がたくさん出来た。主力商品はビジネスバッグで、腕のいい職人によるオーダーメイドでお客好みの鞄を作れることが特徴。買ったお客には、定期的に鞄の健康診断を実施している。メンテナンスをすることで鞄は長持ちし、その良さを判ってもらえたお客が、さらにリピーターになってるという商売の流れが出来上がっていた。

図 3-2-15：鈴木太兵衛商店の受賞した布団（図版提供：有限会社鈴木太兵衛商店）
第１回全日本寝具製作技能コンクールで優勝の受賞作となった第12代目市川団十郎の婚礼時の布団。

○客との付き合いも代々の付き合い

地域に愛される老舗ともなると、お客も代々ご贔屓にしてくれることも当然ある。

笹巻けぬきすし総本店のすしダネは七種類で鯛、光もの、海老、おぼろ、たまご、海苔巻、それと季節で変わる白身魚）元々が携帯食から始まっているので、持ち帰りに適している。作りたてよりも、夏場は三〜四時間、冬場は六時間ぐらいたったころが笹の香りも沁みて食べごろ。

一三代目の店主宇田川浩氏は、仕込みでは、鮨に巻く熊笹の確保が大変で、仕入れに苦労しているという。枝つきの熊笹を、専用の包丁で一枚一枚切り取って、それを丹念に洗う。一日中係りっきりで、骨の折れる作業だという。妻の裕美さんも子育て中だが、店の手伝いをしてくれて、母子三人で店を守っている。「お客様も何代ものお付き合いの方が多く、当店も代々続く、家族経営。これが原点です」と語っている。

また、大屋書房の三代目纐纈公夫氏（昭和一四（一九三九）〜）は、この仕事に就いて良かったと思えることを、以下のエッセイに認めている。

「一昨年父の代からの店の常連客だった九州大学名誉教授の中野三敏さんが、江戸から明治期の近世文学研究者としては初めて文化功労者に選ばれた後、私と娘がいる時に「私は古本屋に育てられてこの栄誉に輝きました。ありがとう。」とお礼を言って帰られました。古本屋というのはこういうように、何代にも亘りお客様と接することで教え合ったり、教えられたものをまた周囲に返す場でもあり、インターネットの売買にはない、人間同士の「生」の知識のやり取りこそ古

図 3-2-16：みずみずしい緑の笹に包まれた、笹巻けぬきすし

本屋の醍醐味なのです。」（二〇一〇年冬号小学館だより一〇〇〇字エッセイより文本人）

老舗とは、店が続いているだけではなく、お客とのつながりもまた代々大事に続けていくことで、切れない縁が細く長くその営業を続かせる秘訣なのかもしれない。

○患者と向き合うということ

お客という言葉では語れない、責任感を持って訪れる人を迎え入れる場所として、病院がある。老舗医院ともなると、患者との付き合いも他の老舗企業とは少し性格が異なるものだろう。

名倉クリニック七代目名倉静氏は、経営者として、千住と神田駿河台の病院を守った。ベッド数が多かった神田駿河台の病院では、看護士や医者の人集めに苦労したという。それでも、今は九〇歳に近い元看護師がいて、この方は戦時中駿河台が接収されていた頃からずっと七〇歳を越え自ら身を引くまで駿河台と千住で働いてくれた。嘗ては千住に年老いた下足番の男性もいて、患者も年寄りが多いため、同じ人がいつもお相手してくれることは安心感を呼んだという。

跡継ぎとしては、三人の子供が皆整形外科医になってくれた。長男の直良氏は個人診療所を立ち上げ、次男の直孝氏が千住の本院と駅前の院長を、三男の直秀氏が神田駿河台の八代目として院長を継いでいる。「二四〇年以上も続けることが出来たのは、名倉が患者さんをどこまで診れるか、診れないかを見極めて、無理をしない、囲わない、無謀な冒険をしなかったことではないか」と静さんは語

図 3-2-17：名倉クリニック 8 代目名倉直秀氏
神田駿河台クリニック一階ロビーの6代目重雄像の前で。

った。

八代目直秀氏も、現在は、神田駿河台クリニック院長として毎日沢山の患者を診ている。症状で多いのは、腰痛、首の痛み、膝の痛み。診療で心がけているのは、誰にでも分け隔てなく接するようにしている。時に地位の高い方も来院するが、そういう方も常に普通に接するようにしているという。「仕事での喜びは、患者さんから治ったときのお礼の言葉や、手紙をいただいた時。患者さんの気質も土地柄でしょうか、せっかちな神田っ子が多いですが、でも楽しいですよ」と直秀氏は語る。土地柄なお客像が少し垣間見えた。

三　いくつかのドラマから浮き上がる企業の生き残り戦術

百年企業として老舗が事業継続することは、並々ならない日常の努力の積み上げがそこにはある。そして、その生き残りには行動哲学とも言える戦術をそれぞれの老舗が築いてきた。それは門外不出の秘術もあろう。そんな中、百年企業のれん三代記で語られた老舗の術を紹介しよう。

(一) 家訓、社訓から

一〇〇年存続する企業にはそれぞれ独自の家訓、社訓が先代より口伝され、老舗の精神的な柱となっている。これらは多様で、多義的であり、これまでの各老舗が歩んできた道のりを思うと深い含蓄のある言葉として、生き残り戦術が浮かび上がってくる。

○受け継がれる伝統の社訓

まずは神田最古参の株式会社豊島屋本店の社訓を見てみよう。

やはり、豊島屋には初代十右衛門の時から、代々四〇〇年以上受け継がれてきた、商いの心得があった。それは、「一・お客様第一、一・信用第一」というものである。代々実践されてきたこととして、不易流行「守るべきもの（不易）は頑なに守り、変えるべきもの（流行）は大胆に変える」ということがある。これはお客様への「信用、信頼」を第一にすることを守り、暖簾を大切にしつつ、時代の流れに乗り遅れないよう「売り方、商品構成」などを変化させていくことだと、現当主は語る。まさに老舗の鏡とも言える教科書的な社訓が、四〇〇年の荒波を乗り越えてきたのである。

こうした時代の変化に対応することは、大屋書房の同様の言い伝えがあるという。大屋書房三代目公夫氏によると、創業時から言い伝えられていることは、あえて言うと「自然体であること、時代に即応すること」。そして、店が一三〇年続けてこれたのは、文字を必要とした社会背景が店をもたせてくれたことと、震災、戦災にめげず店を継続してくれた父の力と公夫氏は語る。時代に応じた言葉を求める人びとがいる限り大屋書房は伝統の書店を守り続けるだろう。

二〇〇〇年の歴史に謙虚に語るのは株式会社龍角散五代目社長、藤井隆太氏である。

「私が社長になって二〇年ですが、会社の歴史からすればたかだか十分の一足らずです。しかし、二〇〇〇年の重みがあるということは常に意識しています。佐竹藩時代から数えて八代も続いたというのは、要するに各代が一生懸命やってき

図 3-3-1：大屋書房 3 代目と 4 代目お揃いで

たということです。一人として適当にやった人はいないと思いますね。会社を大きくすることは特に考えていません。あまり冒険もしないし、博打的なこともしない。しかし、本当にひと様の役に立つことがあれば経営判断でやる。いかに安定的に社会貢献ができるか、これが当社の方針です。」

堅実経営を母から伝えられたのは、図書館用品を扱うキハラ二代目の木原祐輔氏である。入社して二年後の昭和三九年（一九六四）、父が脳梗塞で倒れた。父からは「早く米国を見に行った方がいい」と言われ、翌年四月に社長に就任したが、母から「お父さんは大丈夫だから」と言われ、八月に北回り便で米国とヨーロッパに三週間ばかり研修旅行に行った。父はその年の一〇月に亡くなった。母からは「家の本業を大切に」と言われた。この言葉を受けて、バブルの時も株や不動産には手を出さず、現在まで着実な経営を続けている。

図 3-3-2：キハラ 2 代目木原祐輔氏

○ユニークな社訓

株式会社栃木屋は、社訓ではないが、キャッチコピーがある。栃木屋のホームページの「採用情報」には「おもちゃ箱みたいな面白さをみつけられる会社」とあるが、これは社員が提案したキャッチコピーである。経営者が理念をリーダーシップをもって掲げるのではないスタイルがここにはある。

三代目の栃木一夫氏は、上が口を出さないほうがいいと考えている。現場のアイデアを尊重したほうがいいと語る。ベテランになると、若い人の提案に「それは以前やってうまくいかなかった」「あそこは営業に行っても無駄」など、過去の自分の経験で後輩にものを言いがちだが、「そういうことは絶対に言うな」と言っているという。六〇周年記念誌

「温故知新」のあいさつ文に、次のステップは「継続企業から永続企業へ」と記したが、次の栃木屋のキャッチコピーは何であろうか。

社訓は必ずしも言葉で額装されたものという訳でもない。株式会社龍名館の本店の敷地にある槐《えんじゅ》の木は、大震災で焼け焦げたものの間もなく新芽をつけた生命力の強い木で、本店改築の際にも切り倒さないように設計した。私たちもまたこの木のように新しい歴史を重ねながら成長したいということで象徴となっている。

「万緑の槐百年の店守る」浜田孝子（三代目女将）が詠んだ句。のれんを守るという意識がたいへん強かった女性で、極端なことをいえば、多少家族に犠牲があってもお店のほうが大事という人だった。

また、出版業の株式会社有斐閣は、本を書く研究者を育てることについて、社訓があるようだ。

農学部出身の二代目重忠氏（明治八（一八七五）～昭和一九（一九四四））は当時このように語っていたという。「出版業は農業と一緒だ。出版物は人の心を耕す最高のもの、それを扱うのが出版人であり、出版経営者の務めである。また、人間関係を耕すことによっていいものが出来る。若い人を苗木のように育てていくことが大事。間引きし、周囲の雑草も刈らなければ優秀な研究者は育たない」と。

○家訓が家族経営の老舗の社訓に

家族経営であることが多い老舗企業にとって家訓と社訓はほぼ一体となっていると言える。そのため厳密に分けることはできないが、日々の暮らしの教えは、

図 3-3-3：本店前に立つ槐の木

図 3-3-4：檜書店の 5 代目椙杜久子氏

そのまま企業活動に影響しているとも言える。

しっかり者の女性が陰で支えて来た歴史を持つと語る株式会社檜書店の五代目椙杜久子氏は、檜家の代々から教わっていることとして「良いときも悪いときも、生活を変えない・倹約が大事」ということがある。生活の上下がそのまま家業の経営にも影響するという堅実な経営の教えである。

廣瀬ビルディング株式会社の二代目廣瀬與兵衛氏（明治二四（一八九一）～昭和四一（一九六六））も晩年は好々爺だったというが、物を粗末にすること、時間を守らないこと、ダラシの無いこと等、特に無駄を嫌い、自分を律することに厳しい人だった。人生は「工夫と努力」が口癖で、物事を先へ先へとしないと気に入らないので、「後年短い間でしたが父と一緒に仕事をしたときには「段取り」に随分気を配った」と三代目の元夫氏は語る。

○先代の口癖

家訓、社訓とは、これだと定めてあるものでもなく、先代の口癖を次代にどのように口伝するかで定まってくるものでもある。

株式会社小山弓具の七代目茂治氏（明治三七（一九〇四）～昭和五九（一九八四））は、「仕事は盗んで覚えろ」「生涯修業」が口癖で、息子の八代目雅司氏は、雪の降る日に素足で弓を担ぎ使いに行ったことや、教わっていないことを出来ないと、「普段よく見ていないからだ」と殴られたこともあったという。

揚子江菜館では、三代目周《しゅう》祖基《そき》氏は、「自分がこの店の料理を食べたいと思わなくなったら、この仕事は辞める」とよく口にしていた。それは、自分の店の料

図 3-3-5：今上天皇（当時の皇太子）誕生祝の献上弓を作成する 7 代目小山茂治氏
（図版提供：株式会社小山弓具）

理に自信があるから商売としてやっていられるので、やるからには、決してごまかしがあってはならないということと、四代目は解釈している。「当たり前のような言葉だが、今、任されている私にとっては、信頼されている重みを最も感じることの出来る言葉です」。

神田錦町更科は、三代目松太郎氏の（大正一五〈一九二六〉～平成二三〈二〇一一〉）口癖、教えが四代目にたたき込まれている。三代目松太郎氏の更科の暖簾に対するプライドは大きく、「江戸っ子は口がきれいでなければいけない」と、闇市で手に入るものに一切手を出さず、「二足の草鞋をはかない」とご飯ものはやらない、うちはそこらの蕎麦屋と違うのだと、いつも言っていたという。他にも「金と肥溜めは、たまればたまるほど汚くなる」「人間の欲というものは際限がない」「博打はするな、酒には飲まれるな、金のために余計なことに手を出すな」。バブル景気で世が浮かれていたとき、今思えばこの言葉でどれほど救われたか知れないと四代目の市朗氏は語る。当事はNTTの株を何故買わないのか、何故ビルにしないのかと言われる時代であった。父からの言葉がなかったら、多分今ここにはいられなかった。

「山椒は小粒でもぴりりと辛い。小さな店でも特徴のある店になれば一生食いっぱぐれない。店は一軒でいい。」これもまた父の言葉である。

（二）商売苦難の時を生き残れ

景気も含めて商売の変動がある中で、伝統を守り堅実な商売を貫くか、それとも大きな転換を経て新しい挑戦の中で生き残るか。経営者としての判断が問われ

図 3-3-6：神田錦町更科 4 代目市朗夫妻

る。経営が持続することで老舗として名実共に認められる存在になる。老舗存続にとっての大きなドラマとは何か。

○大変な時代を生き残る

時代が変わると、それまで売れているものが売れなくなるということもある。明治から昭和の初期にかけて、漢方薬店にとっては辛い受難の時期だった。株式会社紀伊国屋漢薬局にとって、明治維新以来、西洋医学が一世を風靡し、成分や薬効が微妙ではっきりしない漢方薬は、日影の存在となってしまったという。そんな風潮の中、一一代目の野村源四郎には三人の子供がいたが、店に長年勤めていた一二代目を土田梅吉に暖簾を譲り、跡を継がせた。時には家族ではないものも家督を継がせ、家業を守るのである。

株式会社龍名館も、昭和に入り、帝都復興の再建も進んだが、時代の景気はよくならず厳しい時代が続いた。二階建て八室の新館も建設したものの、戦争の影が色濃くなりオリンピックも開催中止に。そして太平洋戦争が勃発、本店は一時「大東亜省」の官舎として使われた。昭和二〇年（一九四五）、本店以外は空襲で焼失。龍名館は焼け出された人々に宿を提供した。また、戦中・戦後を通して闇物資には手を出さなかったため食料の調達にも苦労し、お客には迷惑をかけたという。経営状態の悪化は、そのまま当時のお客に返ってしまう。このことが老舗をさらに苦しめる。

図 3-3-7：戦後のバラック店舗の後、昭和 30 年ごろ建てられた店舗（図版提供：かんだ会）
外に山積みになっている袋は漢方薬の原料。地下の倉庫に運ばれる前。（かんだ会「かんだ」206号より）

○私的再生措置を乗り越える

順風満帆に見えた大木製薬に危機が訪れるのは一二代目大木卓、一三代目涌井一雄の時代である。グルタミン酸の味の素に対抗して、イノシン酸の「旨み調味料」の開発に会社を上げて取り組むが、純度にこだわった結果、開発に時間が掛かりすぎてコスト面で折り合わず、失敗に終わり、会社は私的再生措置となった。大木製薬の永い歴史の中で最大の苦境に陥った時代だ。

私的再生となり窮地に立った大木製薬に、昭和四六年に会社再建のために大阪のロート製薬から送り込まれたのが、田中貞雄だった。明治元年から営業を始めた大木の卸問屋業で、ロート製薬は一番の得意先であり、製薬業界全体としても実績のある卸問屋としての大木製薬を潰すわけにはいかなかったからである。貞雄はロート製薬がまだ山田商店と呼ばれていた創業期に、幼少の身で山田商店に丁稚で入った生え抜きで、常務取締役まで上り詰めた人物。当時の山田会長から、大木製薬の建て直しの特命を受けての出番だった。

貞雄は着任してすぐに、それまで一つだった卸とメーカーの分社化に取り組み、卸を株式会社大木に、メーカーを大木製薬株式会社として、二つの会社の社長となる。全国に作った自社ビルを売るなど思い切ったリストラを行い、その後は新たな得意先向けの情報誌「大木ニュース」の発行や、幾つかのM&Aを。社内向けにはロート製薬にならって運動会や、社員旅行などによって結束を図り、結果会社を見事に立ち直らせる。昭和五四年に株式会社大木の店頭上場（現在のジャスダック）を果たし、昭和五六年には会社設立百期を無事に迎えた。

図 3-3-8：大木製薬 14 代目田中貞雄氏

○事業整理撤退の苦労を乗り越える

株式会社有斐閣の四代目江草忠允氏（昭和六（一九三一）〜昭和五九（一九八四））は、昭和三四年（一九五九）同社に入社、創業九〇周年を機会に昭和四二年（一九六七）四代目社長に就任した。一九七〇年代は第一次ベビーブームの世代が大学に入った時代となり業界の景気は上向き、会社も大学向けテキストなどの恩恵を受け右上がりの時代を迎えた。近代的な組織運営が構築されないまま出版界は拡大路線をとり、得意な分野以外に手を染めたため、今までにない在庫の山を持ち資産を食い潰した。業績不振、労使紛争という両波で忠允氏は身体を壊し五三歳の若さで世を去ってしまった。

忠允氏の弟、忠敬氏が昭和五八年（一九八三）に兄の後を継ぐ。「収益の源は社内にあり」を旗しるしに危機的状況から脱するため、外部から有能な人材を招き二人三脚で改革に取り組んだ。整理撤退に要した損失エネルギーは計りしれない。

まず、手がけたのは静岡県の三島に編集部の主要メンバーと合宿をし、今後の出版方針の周知徹底をした。当時方針に外れた原稿を著者に返す辛さは今でも忘れられないという。退職定年制度がなかったが就任四年後に定年制を導入した。導入前はいわゆる肩たたきをせざるを得ず大変つらい思いをした。同時に全部門の総点検の上改革案をまとめ、昭和五九年（一九八四）に第一次長期経営計画（再建五ヶ年計画）を発表。以来この長期経営計画のタイトルは、体質強化、事業再構築、サバイバル、基盤強化、スクラム&トライと名づけられ推進している。また社内に向けて諸係数の公表と周知、組織的に計画を遂行できる組織体制の構

図 3-3-9：有斐閣 4 代目江草忠允氏
（図版提供：株式会社有斐閣）

築、社員そして組合と徹底的な話し合いをすることなど会社運営に必要な基本的な事柄を着実に進めた結果、昭和五九年（一九八四）以降は一回の挫折もなく、平成二九年（二〇一七）一月には一四〇周年を迎えることができた。

○経営再建に大きな舵を取る

経営再建のために事業縮小させるだけではなく、これを機に打開策で攻めるということもある。

和洋菓子の老舗松屋では、「苦労話は山ほどありますが、やはり景気の悪い時代はなにかと苦労が多いです。」と語るのは七代目の西井伸樹氏である。しかし、店の永い歴史を振り返ると、新商品が生まれるのもまた、景気の悪い時だった。昨今も不景気だが、秋葉原が全く新しい街に再生された今、若者や子供も喜ぶ、「オリジナルプリントのどら焼き」を考案し好評だという。デパートからも誘いがあったが、受け継がれてきたお客様と生産者の対面販売を大切にし、機械で量産せず、手づくりの菓子にこだわって、これからもやって行くと語っている。

高山本店の窮地は、三代目の富三男の時代であったという。華やかな全盛期であった二代目清太郎時代の、栄華の余韻が残っていたが、かつて一一校もあった大学も五校となり一時の急成長の時代は終焉を迎えていた。そして、いつの間にか店の経営は、借金が膨らみ火の車になっていた。そこで、現当主四代目の肇氏が、本格的に経営再建に乗り出した。全盛時代、近くに出店した支店を閉店し、そこには外食を誘致した。二階建ての本店は、北沢書店と共同で、二〇一八年には四〇年を迎える九階建ての古書センタービルを建ち上げた。その後、古書センタービルは、店を出せば必ず成功するという、常に満室の人気ビルになっている。事業を続けていると良い時代も悪い時代もある。このように事業整理だけではなく、時には経営者の大きな判断によって攻めることもまた看板を守る上で重要なことなのである。

○何も起きないことの価値

かんだやぶそばも、幾多の災害を乗り越えて今がある。二代目平二郎は次男であったが、長男が早くに亡くなったため跡を継いだと伝わっている。初代のような話題性のある人物ではなく、引き継いだものをいかに着実にこなすかに心を砕いた人だったようだ。そのため組合の指導者として華々しく活躍したという話も残っていない。「日清戦争、日露戦争を経て日本が経済的に発展して、太平洋戦争の終わる前に死んでいますから、たぶん一番いい時期を過ごしたんじゃないでしょうか。その人生において最悪の状況は体験せずにすんだ人ですね。」と、四代目康彦氏は語る。危機が起きない穏やかな日々を慢心せずに目の前のお客と向き合う姿勢で取り組む時期もまた何かが起きる前の準備期間としては重要なのかもしれない。

(三) 次の世代のキャリア形成と世代継承

家族経営を基本とした老舗にとって重要であり最も難しいことが世代継承である。子どもの代にどのように引き継ぐのか、また、老舗の家庭に生まれたばかりに運命づけられたかのように見える子ども世代はどのように考え、また継承して

図 3-3-10：かんだやぶそば4代目堀田康彦氏

いくのか。そこには神田の老舗の一大集積地ならではの物語があった。

相続は老舗にとって一大事業であると語るのは、かんだやぶそばの堀田康彦氏である。自身は、「蕎麦屋の子は蕎麦屋、パン屋の子はパン屋になるというのがごく普通の時代でしたから、何の疑問も持たずに店を継ぎました。」と語るが、自らの世代継承では、わりと早くからを意識して、都心の商業継承、事業継承についてはいろいろな場所で発言したという。

「店の第一義はもちろん味を守ることですが、いくらいい味であってもそれを残す仕掛けをしていかなければ店を続けていくことは難しい。店を運営していくというのは、今現在の内容を維持しブラッシュアップしていくことのほかに、長期的には後継ぎをつくる、事業継承のメカニズムのなかでそれに対応できるだけの備えを構築するということが大切なんです。」と語り、現在では無事五代目に継承することができた。

○子どもの頃からの刷り込み

家業は、子どもの頃から接している一番身近な仕事である。それを継ぐということは、ある意味知らず知らずの内にすり込まれているものかもしれない。大屋書房三代目の纐纈公夫氏は、兄弟は姉が二人、男一人だったこともあり、中学生の時に、家を継ぐという腹が決まったという。公夫氏の代の大きな出来事は、父が亡くなった年が運悪くバブルの終末期。土地も家も個人名義だったため、信じられない額の相続税が請求された。主人が亡くなっただけで、店は今までどおりの営業を続けているのに、神田から出て行けと言わんばかりの税金であった。なんとか二〇年の延納を申請して、やっと平成二三年に払い終わったという。四代目の久里氏もまた幼少の頃から可愛がってくれた祖父母から、「大きくなったら本屋を継ぐのよ」と謂われて育ち、近くの富山房に行っては本を何冊でも買ってくれたので、自然と本を読むのが好きになり、高校時代は沢山読んだという。一六歳の時、二年に一回世界で開催されるブックフェアに父が連れて行ってくれた。その年の開催地はパリ。欧米の本屋の経営者が集まり、日本と違って女性が多かったのが印象的だったという。その後店へ入り主に店番でお客と会話することによって、自然と四代目として自覚するように仕向けられ、そのとおりになっていったと語る。

揚子江菜館の四代目沈松偉氏も、初代の周所橋氏と二〇歳離れた妹が祖母にあたる。上海生まれの四代目は幼い頃から、神田の揚子江菜館での話を、祖母や二代目から聞いて育った。いずれは自分も日本で仕事をしようと、上海の日本語学校にも通った。二代目は晩年上海に帰って亡くなったが、四代目は二代目の入れ替わりのような形で三代目に呼ばれて来日することができた。

○店を継げと積極的に言わない

店を継いで欲しいと当主は考えるが、それをどのように伝えるか。やれとはむしろ言わない。それでもいずれ気がついて、この道に入ってくるということもあるだろう。神田錦町更科四代目の市朗氏は、一人っ子だったが、父から店を継げと言われたことはないという。大学時代、蕎麦屋でない他のことをやりたい、漠然とサラリーマンに憧れていた。市朗氏が大学を出た時父は六〇歳だった。就職

図 3-3-11：揚子江菜館 4 代目沈松偉氏
昭和初期からのレジ前にて。

を決めなくなった頃に父が、何気なく「あと一〇年も働けないかな……」とぽつんと呟いた一言が、この店を継ごうと決めたきっかけになったという。兄弟のいない自分が継がなければ、このままでは店は終わってしまう、やるしかないと。仕事は見て覚えろと直接手取り足取り教わった記憶はない。汁の味も、母の腹の中にいた頃から教えているのだからと。そして、蕎麦は毎日食べさせられていた。

株式会社新進の四代目社長の籠島正直氏は大学卒業後、三井物産に就職した。父は後継ぎとして戻らなくていいと言っていたが、八年目に会社でシカゴに留学させてもらえることになった。喜んだ正直は父に戻らないからと宣言。すると、二週間ほど経って父が当時の上司に掛け合いに来て、結果引き戻された。父はいつか戻ってくるだろうとタカを括っていたのだろうと語る。ちなみに三井物産のその時の上司とは、今でも楽しい飲み仲間だそう。

○跡取りの息子は選べないが養子は選べる

また、老舗では、養子縁組で家督継承することが近世より前からずっとあった。タカサゴでは、代々養子を迎えて繋いできた歴史がある。九代目の豊の母、かつは一人娘の豊に養子として丈之助を迎えた。今では理解しがたい話だが、丈之助はなんと江戸川区の三分の一を持つ大地主の息子で、持参金付で来た。資産家の間では、自分たちの財産を守るため余所者を入れないよう、このような養子縁組があったのだ。

高山本店も二代目清太郎は男の子に恵まれず、子供は一人娘の君江だった。明

図 3-3-12：4 代目籠島正直氏

るく活発な君江に、養子を迎えるにあたり父清太郎は八木書店の一番番頭であった富三男に白矢の矢を立てた。それも、本の組合の運動会で優勝する活躍を見せた富三男に、父が先に惚れたと聞いた。「跡取りの息子は選べないが養子は選べる」という格言どおり、父の選んだ良き跡取りを獲得できた。店のマネジメントは直系の君江が、お客様対応は富三男と、二人三脚での経営になった。

○子世代の合議で決める

株式会社リーテムの五代目彰良氏の代は兄妹が多く、姉と五人の男兄弟で、彰良氏は三男。祖父の影響で子どものころから海外に行っており、彰良氏は大学卒業と同時に海外へ出ることは何の違和感はなかった。仕事の関係で世界中を周り、特に若い時はアメリカ・ヨーロッパが多く、仕上げはイタリアのミラノに一年半住み、数年かけて立ち上げたホテルを完成させ、日本に戻って兄弟と社業を行っていた。後継の代表取締役を選ぶ際は、兄弟の話し合いで行われたという。その中で、「人を引き付ける魅力がある」「国際感覚に優れている」「経営者として仕組みを作るのが得意」との理由で、彰良氏が五代目を引き継ぐことになった。次兄（現専務）は資源を見る目に優れ、金属のことならすぐに分析できる現場能力に長けている。また、四男は日本のイタリア料理の草分けシェフで、五男は水戸で漢方薬局を経営している。姉は信心深く、五人の男兄弟と会社をまとめ、特別相談役をしている。家族の異能な姉弟で協力し合いながら切り盛りしている。

○外からの風を入れる

世代継承するにあたって、次世代は外部の刺激を受けて、家業に戻ってくるという例が少なくない。

株式会社花慶五代目安原俊一氏は昭和四八年早稲田大学卒業後、アメリカのサンフランシスコ市立大学OrnamentHorticulture（装飾園芸学科）に、二年半留学。日本にはなかった学科で、謂わば「花屋の育成学校」。カリキュラムに実地経験があり、六件の花屋で勤めた。アメリカでの経験は、現在も日々の社員とのコミュニケーションに大いに役立っている。

株式会社豊島屋本店では、一五代目隆之氏は、安田銀行勤めの後店を継いだ父にあやかり、自らも四〇歳近くまで工学博士として化学の研究をして過ごし、その後店を継いだ。一六代目長男俊之氏も工学博士で、日立製作所の中央研究所で半導体の研究者から外資系コンサルティング会社を経て、やはり四〇歳を越えてから店を継いだ。三代続いて異業種に身を置いてから代を継ぐケースは珍しいかもしれないが、三人とも業界の既成の価値観に捉われずにいることができた。

○得手不得手を代替わりで補う

自分の代でできたこと、できなかったこと。世代継承の時にはそういうことを振り返り、次代に託すことがある。株式会社龍角散の四代目藤井康男氏は、薬学から理学部生物科学へ進み、時代に先駆けて臨床試薬メーカー「ヤトロン」を創業。まだ血液検査が一般的でなかった時代に、臨床診断試薬を開発して販売した。三〇代で龍角散の社長に就任した四代目は、個人商店を会社という組織にして近

図3-3-13：花慶5代目安原俊一氏

代化させた。五代目隆太氏からみても父は、非常に熱心な研究者だった。亡くなる寸前まで、こういうものを開発したかったと語っていた。一方で、「俺はあまり商売のことはわからないし、好きじゃなかった。お前がしっかりやってくれ」と言われ、父の分までがんばろうと決心したという。一代で全てのことはできないからこそ、細く長く続けることが重要なのだろう。

また、世代継承をした後に影ながら支えるということもある。株式会社龍名館では、五代目を四代目の弟が社長に就任（平成一七年（二〇〇五））してからは、四代目は会長として弟と二人三脚で組織の拡充に努めているという。「百年の歴史というものは一代でつくれるものではありません。お店の規模が大きいとか小さいとかにかかわらず、のれんは守っていきたいと思いますし、次の世代にも引き継いでいってもらいたい。」と浜田章男氏は語る。

○突然の世代交代

一方で準備もないままに世代に継承せざるを得ないこともある。福井自動車株式会社では、昭和二八年に四代目豊治郎氏が不慮の事故で五二歳の若さで亡くなり、長男であった五代目忠雄氏が早稲田大学四年生の時、後を継ぐことになった。職人の倅ではあったが、手仕事は苦手でこれまでは仕事を継ぐつもりはなく、大学の学部も経済を専攻し、卒業後はサラリーマンになりたかったため、父の早過ぎた死去は大きな衝撃であった。後を継ぐ決心をし、会社に入ってすぐに荷車製造を廃業して株式会社福井サイクルと社名変更し、自転車、オートバイの販売、修理業とし、夫々を修理できるように技術を懸命に覚えた。経理も営業も、教えてくれる人もおらず、全て独学で学んだという。

○先代との衝突を越えて

老舗の事業継承とは、伝統を守るだけではなく変革し続けることも期待される。宇津救命丸株式会社の一八代目善博氏が、仕事を継ぐ決心をしたのは、長男として大学への進学を考え始めた時。父から東京薬科大学へ行きなさいと言われ、始めは抵抗があったが、祖父も父も同じ大学で学んでいたので、次第にその抵抗も薄れたという。しかし二二歳で卒業し、会社に入ると業績が順調だったこともあり、始業時ぎりぎりに出社する社員が多数いたり、来ても新聞ばかり読んでなかなか仕事をしない。五時になると待っていましたと、いそいそと帰ってしまう。周りは全員自分より年上。しばらくの間、周りも自分も気を遣ってやり辛かった。

そんな会社への反発は、当然父である社長へと向かった。会社での父親は完全な独裁者で怖い存在だったが、そんな父に対して社長室で外にも聞こえるほどの大声でよく喧嘩したという。その中でも最大の喧嘩は、「宇津こどもかぜ薬」を即効性のある新薬として発売したいと善博氏が提案した時である。生薬にこだわる父は猛反対。激しいやり取りがあった結果、新薬と生薬二種類作り発売することになった。結局、軍配は新薬のほうに上がり、今や救命丸に負けない商品に成長した。これがきっかけで世代継承が進み、先代が社長を譲る結果になった。二代目から続いた権右衛門の襲名は父の代から廃止し、新しい時代へと進んだ。

図 3-3-14：18 代目善博氏ポートレート　神田本社ビルにて

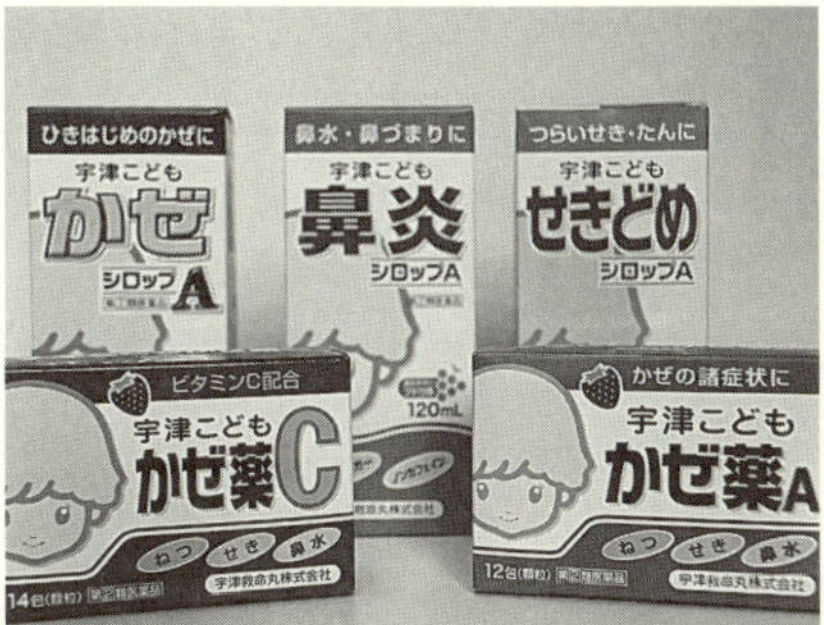

図 3-3-15：父が社長を譲るきっかけになった「宇津こどもかぜ薬」

四　百年企業にとっての地域の意味とは

これまで老舗の様々なドラマを、まちに現れる姿、立地や経営の視点から多角的に見てきた。そもそも百年企業にとってその地域、神田とはどのような意味がある場所なのか。本章の最後に老舗と神田の関係について考えたい。

(一) 家族の暮らしとまちの風景

老舗は、住商一体となったまちの生活者である。家族の暮らしから垣間見える神田の風景について本項では見て行きたい。神田に暮らす老舗の家族の暮らしから垣間見える神田の風景について考えてみたい。

○家族・従業員と一生懸命働く日々

老舗のインタビューでは、先代、先々代とよく働いた人だったという話が出てくる。ひたむきに働き、家族と暮らしていた姿は神田の風景となっていた。老舗和紙店の株式会社山形屋紙店では、二代目伝吉に逸話が残っている。初代の俵次郎は子供に恵まれず、青梅の臼井家から養子として伝吉を迎えた。伝吉は、堅実な人でコツコツ本当に良く働いた。一番鶏が鳴いた頃まで夜通し働き、夜が明けてしまうので、慌てて店を閉めるという日がよくあったほどで、いつも店の灯りがついていた。仕事熱心なこと、堅実なことは初代から続いて、今も守られている。三代目穰夫人・田記この子氏は、卸だけでは、山形屋紙店の名は世間に知られないが、小売を始めたお陰で神保町のさくら通りに和紙の店があると、皆さん

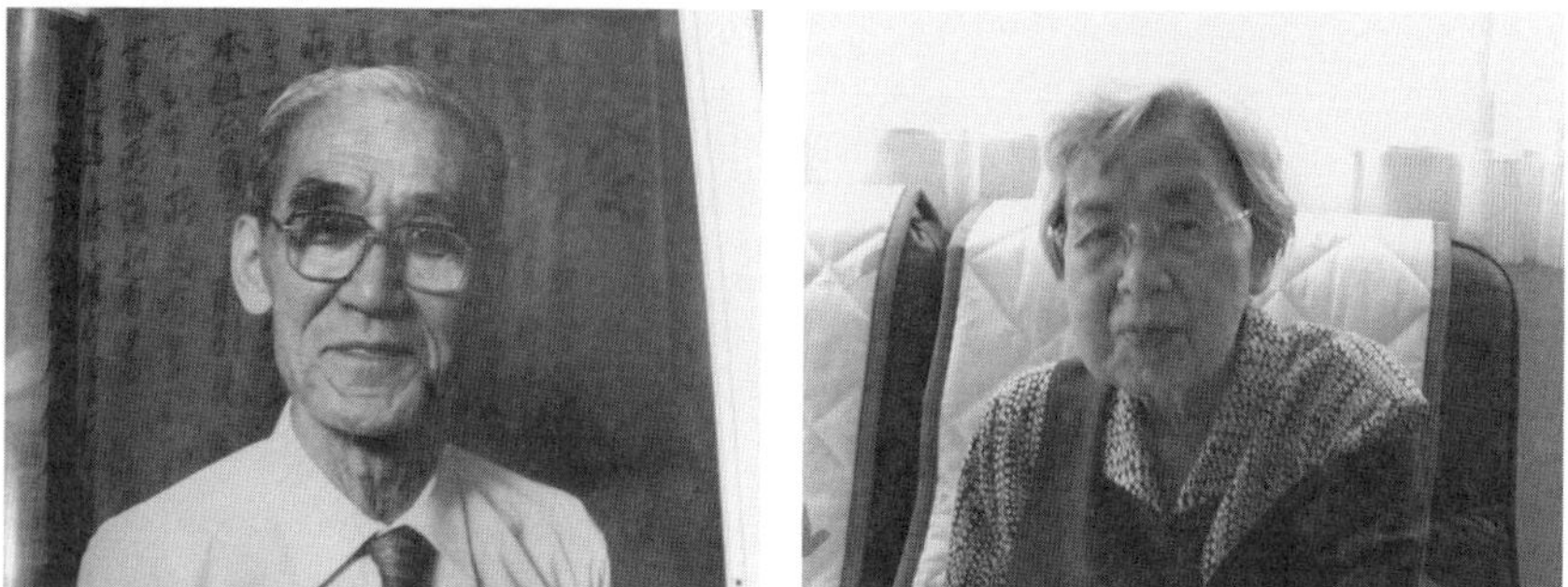

図 3-4-1：3 代目・田記穰氏（故人）とこの子氏（故人）

が覚えて下さるようになったという。

また、いろは寿司の四代目目崎裕隆氏は、二代目だった祖父米蔵氏とは幼い頃は一緒に寝ていて、とても可愛がってもらい、思い出がたくさんあるという。昭和三〇年代、三階建ての建物の一階は店で二階が住まいと事務所、二階の一部と三階が二段ベッドの従業員の宿舎だった。三〇人ほどいる若い人たちに、祖父が接客や仕込みから魚のさばき方までよく教えていた。当時は、年中無休状態で大変忙しかった。特に年末年始がかきいれどきで、店の休みは一月一五日ごろと八月のお盆の二日だけだった。住民も多かった時代で、出前だけで六〜七人が配達係り。自転車も一〇台はあった。皇居の宮内庁まで出前していたのだ。

働き者の米蔵氏とは、築地の魚河岸に仕入れに行くのが楽しみで、毎日行った。昔は冷凍技術がないので、足繁く何度も河岸の売り場を回り、少しでも良い品を安く買おうとしていた。築地までは往復タクシーを使っていたが、米蔵氏はいつもタクシーを選んで乗っていた。何にこだわっていたのかは未だに謎だ。

○ビジネス街に構える神田の立地

神田は丸ノ内にも近く、神田の町内にたくさんの業務ビルが立地しているビジネス街である。

株式会社花慶四代目の達一郎氏（大正一一（一九二二）〜平成一四（二〇〇二））は、浅草橋の生花市場によく行っていた。競《せり》買いによる仕入れがすべての時代で、良いものを上手に買う名人だった。朝早くから昼まで、毎日仕入れに出向いていた。達一郎氏の代までは、三越や商社、銀行などに代表される大会社の華道部からの

図 3-4-2：4 代目達一郎のポートレート
（図版提供：株式会社花慶）

注文が多く、生花宗家に合わせた季節感のある花の配達で大忙しだった。

労働者の胃袋を掴まえた名物店として、高砂屋でおなじみのタカサゴがある。

戦前の九代目の豊と丈之助の時代に、店は当時道路を挟んで向かい側に公共職業安定所があり、毎日のように日雇労働者が集まり、昼に夜にと繁盛していた。この頃に、屋号の高瀬屋は高砂屋に変わった。高砂屋の由来は、老夫婦が仲睦まじく働く姿をお客が見て、「これぞ高砂の夫婦のようだ」といわれたことからと伝えられている。語呂がいいし、縁起もいい。誰でも一度聞いたら覚えてくれる屋号だと、家族が働く風景がそのまま屋号になったのである。先代の一〇代目も母の光《みつ》と、父伍朗の二人三脚であった。当時はどこも同じかもしれないが、飲食店の休みは月に一回の日曜日と、盆と暮で三〜四日だけだった。忙しい中で、父の唯一の楽しみは仕事が終わってからのダンスだった。先生を呼び、店内を片付けて従業員と妻も一緒に楽しんでいた。店は和風の大衆食堂だが、趣味はけっこうモダンで、お洒落だった。

○明神下の花柳界

今は面影も薄れてしまっているが、神田明神下には花柳界があった。今も築六〇余年の木造で趣のある日本家屋がある。うなぎの名店神田川本店である。花柳界が今の場所に移ってきたのは関東大震災後である。それまでいた神田旅籠町あたりが、いわゆる「講武所」という花柳界として賑わ

図 3-4-3：高砂屋で働く従業員一同と、店前にて（図版提供：タカサゴ）
前列左から3番目が父伍朗、後列右から2番目が母の光。

っていたが、先代達が音頭を取って引っ張りこんできた。うなぎ屋で芸者が入る店はここだけだったと伝えられている。大正期三代目茂七氏はかなりの文化人だったようで、俳句や歌舞伎に親しみ、開花楼（料亭）などで開かれていた素人芝居の衣装を自宅の蔵に預かり、神田祭の山車の面や衣装も保管していたようだ。旦那衆の嗜みでもあったのだろう。粋で羽振りがよく、ある時には地元（御台所町）の曳き山車を新調した際、山車人形の衣装を寄付した。それも晴れの日用と雨の日用の二着も、である。

有限会社三河屋綾部商店では、戦後になって、夏場に麦茶を製造販売するようになり、それから一年中が忙しくなったという。麦茶の工場は千葉の市川にあり、できた商品を築地と神田の市場や、乾物屋さんへ卸しに行った。嫁の仕事も大変だった。「私（一四代目）の妻の功が嫁にきてしばらくの間まで、当時はまだ明神下の花柳界が盛んで、夜一〇時に店を閉めてひと息ついた後に、料理屋さんから土産用の甘酒や納豆の注文の電話が入り、慌てて着替えをして配達に行きました。兎も角、毎日が忙しかったですね。」

○下町交友録

明神下の花柳界に限らず、東京都心の周辺界隈には、たくさんの繁華街もたくさんあり、子どものころは親に連れられて遊びに行くのが楽しみだった。

前述のいろは寿司の二代目米蔵氏の一番のお気に入りは将棋と相撲で、

図 3-4-4：三河屋綾部商店、店先にて七五三の装い（昭和 50 年頃）
（図版提供：有限会社三河屋綾部商店）

将棋は三崎町で料理屋をやっていた三男とよく指していました。相撲は当時「大関・松登」のファンで、米蔵氏の孫で四代目の裕隆氏は相撲を観に国技館にはよく連れて行ってもらったという。

株式会社新進の四代目籠島正直氏は三代目父萬亀氏との思い出として、六歳の時から晩酌につき合わされ、一六歳になると銀座にも連れて行ってくれたことを挙げた。お客とも私とも楽しく付き合ってくれる洒脱な父だった。父はいつでも自分から常に目を下ろしてくれていたのが忘れられないという。

神田錦町更科の三代目松太郎氏は、生まれながらの、「坊ちゃん」育ちで、幼い頃から爺や婆やに囲まれ育った。現在漫才協会の名誉理事長の内海桂子氏が九歳の時、更科に年季奉公として入ってきた。三つ年下の三代目が小学校に入学し、その送り迎えをするのが桂子氏の仕事になった頃、三代目が夜店で買った白さやの刀をふざけて振り回し、それが桂子氏の頭にあたり怪我を負わせてしまった。父亀雄氏が大変申し訳ないことをしたと謝り、一年で三年分の奉公費を払って帰ってもらった。そのためか、予定より早く浅草に帰った桂子氏は、その分芸道に励むことが出来、漫才界のスターに上って行くことが出来たと感謝されている。その後も桂子氏とは、永い付き合いで、旦那様との初めてのデートも当店に来てくれ、亀雄氏の葬儀にも来てくれた。

○本のまち神保町

神田と言えば、本の街である。株式会社紀伊国屋漢薬局一四代目田中禮子氏は、神田に住んでいてよかった事は、神保町の本屋街まで歩いて行けたことという。

図 3-4-5：昭和 12 年のすずらん通り。駿河台下より撮影。

（図版提供：レオマカラズヤ株式会社）

かつては表神保町と呼ばれ、町の目抜き通りだった。すずらんの呼び名どおりすずらんの形をした街灯がきれいに並んでいる。関東大震災後、この通りにあった多くの古本屋は、本の日焼けを避けて靖国通りの南側に移転していった。

学生時代に教授に紹介された薬学の本は、古書店に行けばすぐに入手することが出来た。妹と映画を観に、小川町の角座や淡路町のシネマパレスにも通った。結婚して、子育てに手が掛からなくなった頃から、父の仕事を手伝いに製薬をしに店に通うようになった。薬学の学校で習った漢方は僅かで、店に来て覚えることが多かったという。その当時、店の経営は父がやっており、平成六年に父が亡くなってから跡を継ぐこととなったが、当初は苦労の連続だった。働いている場所と生活する場所が近い老舗にとって、両者には隔たりはなく、常にまちの風景の一部としてそこで暮らしているのである。

○家族を思うまちの風景

株式会社リーテムの三代目夫人早東子氏は、嫁いでからの約六〇年間、ほぼ毎朝神社参拝の後、決まった場所で日の出を詣でるなどの鍛錬をする人で、信仰心が強く、宗教を問わず大自然の中にいる全ての神様に合掌しているという。水戸八幡宮からは、神社の上部に据え置かれる紋章を頂き、個人の家だが分社された感もあり、大事にしているという。早東子氏の義父新次郎と夫峻に「どうしても」と見込まれ、嫁いできたという。当時の中島商店は活況があり忙しく、早東子氏も家業を手伝っていた。義父や夫に起こる様々な出来事を解決し、社業や家業を支え、三人で乗り越えたことも多々あった。母の支えなくしては、現在のリーテムが存続することは有り得なかったと現在五代目の中島彰良氏は語る。老舗を支える家族の思いが祈りとなって表れる参拝という風景もまた、ささやかながら神田の大事な風景といえるではないか。

図 3-4-6：早東子夫人
（図版提供：株式会社リーテム）

(二) まちのため、地域のためにできること

老舗企業は、地域の居住者として、様々な地域活動に関わり、お客とお店の関係とはまた異なる地域のつながりの中で生活している。こうした不可分な関係性の中で、どのような活動をしているのか、老舗の地域活動の一端を見てみよう。

○神田の旦那衆は地域活動に熱心

神田の老舗旦那衆は皆地域活動に熱心である。おそらくほとんどの老舗の旦那と呼ばれる人たちは地域の活動に加わっているだろう。町会など自分の住まいの地縁コミュニティでの活動はもちろん、小学校区で学校のボランティアなど枚挙に暇がない。

和洋菓子松屋、先々代で五代目にあたる西井道平氏は、神田の旦那らしく地域活動に熱心で、以前の佐久間小学校である和泉小学校前の、計画になかった歩道の整備や、地下鉄の出入り口を追加させるなど、地域活動を先頭に立ってやっていたという。いろは寿司の四代目裕隆氏も、「少しでも地域のお役に立てたら」と、町の先輩と共に出身校の錦華小学校（現、御茶ノ水小学校）の同窓会の役員をやっている。

タカサゴ一一代目夫婦は、先代同様に、夫の晃一氏は本社ビルのある内神田美土代町会の会長を、妻のヱイ氏は連合会婦人部長をやり、企業と住民のコミュニティ問題に取り組んでいる。

有限会社三河屋綾部商店の一二代目武雄氏も晩年は、神田神社氏子総代や宮本

図 3-4-7：パレスサイドビル地下 1 階タカサゴ店内にて
妻ヱイ（左）、11 代目晃一（中央）、12 代目浩晃（右）。

町会長として、地域のために尽力した。町会での活動は、神田神社の神田祭りの活動とも直結しているのである。笹巻けぬきすし総本店一一代目秀夫氏は、昭和三八年ごろ、大学を出てすぐに店を継いだ。妻の洋子氏によると、夫は頑固一徹な神田っ子だったが、頼まれるといやと言えない優しい面もあり、四ヶ町会の神輿を作る資金集めには、一生懸命になってやっていたという。その苦労の甲斐があって完成した町の神輿は、秀夫氏が亡くなった後も息子たちが一緒になって守ってくれている。情に厚い神田っ子の旦那衆の日々のまちを支える活動が、企業活動とは別にまちを盛り立てているのである。

○得意の商いで地域を盛り立てる

町会などの地域活動に直接入っていて行う活動もあれば、得意の商売で後方支援している老舗もまたたくさんある。

例えば、有限会社鈴木太兵衛商店では、神田祭で使う半纏や手拭、浴衣のデザインなども手がけており、地域の祭を彩る品々が好評だ。

かんだやぶそばも神田祭りの時には「一文字うちわ」といって、連雀町にある九店が独自の商業活動をしようということで一文字うちわを作り、お祭の期間中お客様に配った。表は連雀町の山車人形である熊坂が、裏は山車人形のスタンプと店名が入っている。こうした日常の様々な場面で神田祭りを楽しんでもらおうと工夫してきた。

他にも現在の五代目は、江戸神田蕎麦の会（神田地域の蕎麦屋の若旦那衆が集まり、江戸時代からの食文化である蕎麦をアピールすることで神田地域を含む千

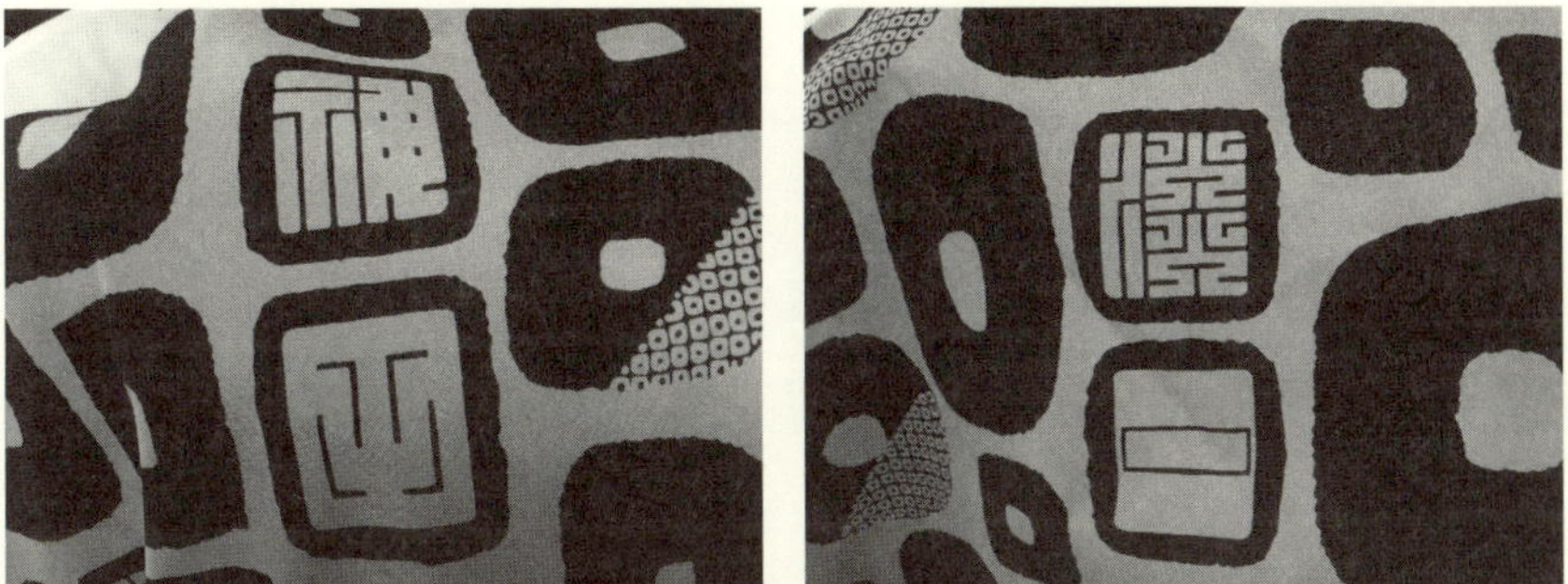

図 3-4-8：4 代目勝也氏がデザインした、祭り用の浴衣
神田の文字と淡路一丁目の略文字が粋。

代田区を活気づけることを目的に設立された団体）の一員として活動しており、その一環として企画された神田そばあーとフェスティバルでは、店内に現代アートを配して「食べる」楽しみに「見る」楽しみをプラスするという試みをするなど、新しいことにもチャレンジ。常に地域の人たちに楽しんでもらえる店作り、仕掛け作りに余念がない。

こうした若い新しい発想の地域を盛り上げる活動は、大屋書房四代目久里氏も、千代田図書館で小学生の夏休み教育として妖怪・お化けをテーマにお話会を開催。話店で本や絵を買って下さる人は勿論大事だが、今の日本の生活を形作った江戸の文化を、少しでも多くの人に知っていただけるよう微力ですが協力していきたいと語る。

キハラ株式会社では、東日本大震災（二〇一一年三月一一日）の発生後、三月中に、千葉県、茨城県から福島県まで支援チームを送った。「棚を直してほしい」という声が数多く、修理用の簡単なパーツも持参して被災地に出向いた。宮城県名取市では書架が倒れたため、四～五人の社員を派遣、ボランティアの人たちでも復旧させられるように下作業をした。また、二〇一一年は本を運ぶ「ブックトラック」を被災地に送ったが「送るだけでいいのか」という疑問の声が上がり、翌年からは社員が直接届けている。被災地の子どもたちに描いてもらった絵をブックトラックに貼る「お絵描きブックトラック」も届けた。一般財団法人日本出版クラブが集めた震災関係の本約一四〇〇冊を巡回展示する「本の力巡回展」を全国一一カ所の図書館で開催し、その後も学校向けにブックトラックに乗せて貸し出している。本の裏表紙にカードを添付し、読んだ人にメッセージを書

図 3-4-9：ブックトラックに貼る絵を描く子どもたち（図版提供：キハラ株式会社）

いてもらい東北に伝える計画だ。このように地域活動の範囲は自分たちの拠点である神田に留まらない。

○ルーツを大事に地域貢献する

宇津救命丸株式会社の一九代目宇津善行氏は、あるとき、営業と一緒に宇津家のルーツである栃木県にある自社工場に行った。町で地元の方と話をする機会があり、これも営業と、宇津救命丸の紹介をしたところ「宇津さんの工場がこの地域にあるとは知らなかった」という言葉にショックを受けたという。そこで、まずは地元からと、工場の敷地内にある宇津薬師堂で、人々の健康を願い地元のお祭りとして江戸時代から行われていた一万燈祭を復活させようと、町長たちに協力を呼びかけ、震災復興を願って祭りを行った。ここに来れば、四〇〇年の歴史を見て頂ける建造物、史料館がある。宇津家の菩提寺でも二度の火災で大事な史料が焼失したが、宇津家は四〇〇年以上大きな災害に遭っていないため、見てもらえる史料が豊富にある。ルーツの創業地であるからこそ、そこでもまた今自分の住んでいるところと同じように地域貢献に頑張る。老舗の心意気を感じる。

善行氏はさらに、「先日、営業で保育園に行ったら、子供たちが大変可愛いんですよね。こんな子供たちの健康を守るものを提供する仕事に就けて、本当に良かったと思っています。これからは、このように工場から発信出来るものを増やすこと、少子化で子供相手の仕事は特に難しい時代ですが、安心、安全を基盤としてこれまで

図 3-4-10：19 代目が力を入れる、上高根沢の地元工場内で 2012 年 8 月行われた一万燈祭のポスター
（図版提供：宇津救命丸株式会社）

やってきた会社ですので、ご先祖の思いを忘れずに、これからは海外にも視野を広げ、活路を見つけて頑張って行こうと思います。」と語った。

○地域が商売繁盛してこそ

老舗の地域貢献として大事なことはその町の経済を支え盛り立てることであることに異論はないだろう。神田は現在では商店街として立地している場所だけではない広範囲にわたり老舗は点在しており、その商店会という組織もまた移り変わりの中にある。有限会社ヤマモト鞄店の四代目保氏は、息子の五代目裕一氏と現在は一緒に仕事をしているが、神田の駅周辺は以前と比べて大きく変わったという。物販店がどんどんなくなり、飲食店ばかりの町に変化している。当時の今和会という名称の商店会で、保氏は会長時代にカラー舗装化を実現させた。しかしその後は残念ながら、今和会はなくなってしまった。

高山本店の四代目肇氏は千代田区の区議会議員として「家業が続けられる街」をスローガンに安心、安全な街づくりに奔走した経歴を持ち、地域のまちづくりにも非常に熱心である。そして、そうした姿を見て育った五代目剛一氏も四代目の肇氏が再建した店を守り、頑張っている。元来、勉強家で祖父から古文書の読みを学び、足りない知識は夜学に通って学んでいる。地域活動としては、父の姿を見習い、独自に本の街の活性化にも自ら率先してブログを作ったりと活躍中である。老舗たちは、地域の商売繁盛に尽力することがまた、老舗が生き続ける上でも重要だと認識しているのである。

まちとともに生きる老舗企業は、まちの変化にも機敏に反応して、行動を起こす。大屋書房の二代目纐纈《こうけつ》宇恵雄氏の活動について、三代目の公夫氏に伺った。高度成長期の時代、都営地下鉄新宿線の建設計画と合わせて、靖国通りに高速道路を作る計画が上がった。これに対して、宇恵雄氏は街の人たちと一緒になって反対運動を起こし、計画は白紙撤回となった。この運動がなければ、日本橋に架かる高速道路のような街になったかも知れなかった。また、町名番地変更の話が起きたときも、率先して街の文化を残すために反対し、旧番地が残った。地名や地番は、これまでの伝統の中で家業を続けてきた老舗にとっては看板とも並んで重要なものであった。神保町は、このようなまちの人々の理解と結束があったお陰で存続していると言える。

(三)　老舗とまちのつながり、これから

ここまで見てきたように、老舗は家族経営を主としてしながら、地域とのつながりの中で経営を続けてきた。これからも変わらずまちに有り続ける老舗は何を目指すのか、それぞれの老舗のこれからについて経営者の声をまとめてみよう。

○社会の中で売り物の価値を考える

地域の中で、本の街神保町を牽引しながら、出版不況と言われる中で業界全体に対しても株式会社東京堂は挑戦している。

八代目社長の大橋信夫氏は、日本書籍商業組合連合会の会長になった時、東京堂が過去につくってきた取次制度について、制度を作った張本人として、問題提起をした。三期六年間、全力を投入した。最近は公共図書館が本屋の競争相手に

図 3-4-11：昭和 2 年の神保町南側の古書店街（図版提供：レオマカラズヤ株式会社）
左隣にレオマカラズヤさんがみえる。

なっている。図書館が貸し出し競争をして、本の貸し出し回転率で業績を評価しているからである。そのため回転率のよい同じ本を図書館が何冊も買う。しかし、図書館は一冊ずつでいいのではないだろうか。回転率より、内容的にいいものを保管する機能が大事だと信夫氏は考える。あれこれ考えると、このままでは本屋がなくなってしまう。事実、地方にいくと本屋がないところが出て来ている。「電子書籍があるからいい」と言うが、技術的にもいろいろ問題がある。

信夫氏は、平成三年（二〇〇一）から、すずらん通りを通行止めにし、ワゴンなどで在庫が少なくなり出荷できなくなった本や、多少の汚損のある本などを値引きして売るブックフェスティバルの実行委員長を務めている。「古本まつり」に対し、新刊書籍も「本の街」に協力しようとの狙いだ。出版社が自ら本を安く売る。数冊の在庫は倉庫に寝ているだけで、保管料がかかるだけだからだ。「こんなに安く買えるの」とお客には喜んでもらっている。当然、古書として売れるものも少なからずあるので、同業者は買ってはならないとの申し合わせがある。

東京堂は書店→出版→取次→不動産と中心になる業態が変わってきている。不動産も先が見えてきた感じだと信夫氏は語る。「企業三〇年説」で言えば、それで一二〇年たって、「賞味期限」が来ているのかもしれないという。日本人の家の構造が変わり、本を置くようなスペースがなくなるなど、本を買って置いておけない環境になっている。電子化もやっているが、利益は出ない。次の息子（代表取締役社長・知広氏）の代に判断を任せようと考えている。

図 3-4-13：神田本店全景

図 3-4-12：大橋信夫氏

適性な大きさの本の森、お客を迷わせる〝知の泉〟のある森が本屋である。辞書辞典は専門家の地道な研究の成果として「確かな情報」である。「確かな情報」があってこそ、「確かな文化」を築くことができる。しかし、置かれた状況は厳しい。出版界の制度疲労もあるし、消費税増税など、経済的な向かい風もある。見送られた軽減税率は今後に残っており、本を愛する私たちも無関心ではいられない。「知の泉」を枯らしてはならないはずだ。

○老舗とまちの長い歴史の中でのつながり

老舗はそのまちに長く立地し商売を続けることで老舗となっていく。それは世代を超えたまちに生きる客との交流の積み重ねである。神田錦町更科は、四代目の次男雄太朗氏があとを継ぐことを決心。自ら駒場学園の食物科に進学した。五代目には、祖父の代から油揚げを奉納している氏神様である五十稲荷を通してこの地域との深い縁を教えているという。

四代目市朗氏は、「先日、祖母の嫁入りの情景を知っている九〇歳になるお婆さんが、そのときの盛大な行列の様子を昨日のことのように話をしてくれました。祖父母のことを知っている人がこの町にはまだいるのだと思うと、胸が熱くなります。こうやって祖父から父から同じ暖簾を受け継ぎ守っていますが、次に繋げるという私の大きな使命が今、果たされようとしています。」跡継ぎが決まった市朗氏の表情は晴れ晴れとしている。

前掲の地域活動などにも積極的に活躍している大屋書房四代目久

図 3-4-14：5 代目雄太朗　着物姿の母と（図版提供：神田錦町更級）

里氏も、継いだ当初は、一〇〇年以上続く店の文化を預かることへの心配や不安があったという。しかし、それもいろいろなお客と話をすることで不安も解消されていった。お客との会話は、その人の知識を分けていただく事だと判るようになったからだ。高名な国文学者の先生のもとで勉強が出来る機会があり、そこで教わったこと全てが、今の自分を支えているという。

先日、アメリカ人の浮世絵のコレクターが手放した作品のオークションが日本であり、妖怪の浮世絵を落札した。持ち帰ってよく見ると、題名が祖父の特徴のある文字で書かれていた。大屋書房から遠くアメリカまで流出した絵が、縁あって戻って来たのだ。このように、祖父との出会いを経験できた仕事に充実感を感じている。久里氏も父と同じく生まれも育ちも神田。情がある温かいこの街が大好きだと語った。

○お客（地域）のために仕事をする

仕事とはやってよかったとどこかの場面で感じられるものである。特に客を相手にする商売では、お

図 3-4-15：蒲焼に使う竹串

下側が国産品。竹の皮目や色に違いがある。皮目が多いと焼いたときに焦げにくく、持ちが良い。

図 3-4-16：炭火でうなぎを焼くときに使う団扇

竹のしなりで扇ぎ方も違ってくる。かつては耐久性のある強い和紙を使用していたため、3週間位は使えた。今では、持っても1週間らしい。

客とのやりとりからやりがいを感じるが多いだろう。株式会社紀伊国屋漢薬局一四代目田中禮子氏も、この仕事に就いて良かったと思える瞬間は、やはりお客様から、「ここで頂いた漢方薬のおかげで良くなった」という言葉をかけられた時だという。お客様とは皆、永いお付き合いです。これからも地道に絶やすことなく、着実に歩んで行きたいと語る。

神田川本店一一代目神田茂氏も以下の様に語る。

「ただひとつ私が確信しているのは、うなぎはやはりごちそうだということです。家族のお祝い事や大事な人のおもてなしに、みんなで食卓を囲んでいただくものであってほしいのです。そのためにも、お一人でもうちの味を愛してくださるお客様がいらっしゃる限り、今までのやり方を貫くことが私の仕事だと思っています。」お客はごちそうのうなぎを食べにやってくる。それはお客にとって特別な日である。そんなお客が満足してくれる、そのために日々を頑張る。この原動力が途絶えることなく続くことこそが神田川が老舗として長生きしつづける秘訣なのかもしれない。

多町の豆腐の越後屋四代目賢治氏もまた以下の様に語る。

「父も私も、生まれも育ちも神田っ子です。マンション化が進み、住民同士の繋がりが薄くなっている昨今ですが、コミュニケーション豊かな住みよい街に少しでも近づけたいですね。」

つまり、濃密な地域のコミュニケーションこそが老舗を奮い立たせ、お客も楽しみ、まちは賑わう。人と人のつながりの分厚さが神田を老舗の集積した特徴あるまちにしているのかもしれない。

図 3-4-17：3 代目 4 代目店頭にて、お揃いで

第四章　神田のまちかどから～神田多町の歩んだ百年

路地の駄菓子屋（写真集「神田」より）

一　神田多町から神田を眺める〜老舗のいるまち神田をまちから見る

（一）なぜ、多町なのか

第三章で見てきたように老舗は、多くが家族経営を基本とした企業体であるだけでなく、地域の中で暮らす生活者でもある。老舗とまちの関係に着目した時に、本章ではある特定の神田の界隈に着目して、まちの歴史に寄り添う老舗像を人びとの暮らしの中から炙り出す。では、なぜ神田多町か。多町は様々な変化を経て、今も過去の遺産を引き継ぎながら存続しているまちだからである。中神田のこの辺りを指して、「ディープ神田」という言い方がある。多町は神田の多くあるまち、界隈のひとつであるが、ここを見ることで感じられる神田らしさがあるのである。

神田多町を要素に分解しながら見ていくと、まずはその歴史がある。神田祭で担がれる神輿は、神田一の大きさを誇り、信仰とコミュニティを語る上で重要である。また、町内には住民に愛される松尾神社と一八稲荷がある。これらは意識されずとも信仰が育んだ生活文化が多町の暮らしとともにあることを感じることができる。また、江戸時代の町人地としての歴史は、近代以降にも下地として引き継がれている。職人が活躍し、市場があった時代。職住一体となったまちであった。こうした名残はまちの至る所で見られる。町人地の頃から続く生活空間としての多町には、都市の日常とも言うべき暮らしの風景が今でも感じられる。ひとたび路地に入ってみると、生活景がにじみ出た風景に出会うはずである。こうした生活空間に点在する地域資源と共に多町の人々は暮らしている。そこでは、どこかに誇りを感じ、多町を愛する心のようなものが垣間見える。そのような長いまちの暮らしの歴史から、老舗のいるまち、多町をみてみることにする。

　多町の空間構成を見てみると、大きく四つのブロックに分かれており、南西から時計回りに町会が一の部、二の部、三の部、四の部と呼ばれ、分かれている。南北に多町大通り、東西に一八通りが通っており、明解な構造となっている。

（二）江戸・市場の時代

　神田の真ん中にある多町は、江戸時代から町人の居住地として発展し、田んぼを埋め立てて開かれたことから「たちょう（田町）」

図 4-1-1：神田の全体像（旧神田区の範囲）と多町の位置

図 4-1-2：多町の通りの構成

と呼ばれていたという説がある。明暦三年（一六五七）の明暦の大火後には青果市場がまちの北側（二の部、三の部のあたり）に形成され、大正時代までこの市場を一つの核として、多町は大変栄えたと言われている。

多町・神田は昭和三年（一九二八）まで青果市場で栄えました歴史のあるまちである。神田の地域史を日々研究し、カンダデザインを主宰されている立山西平氏の家では、青果市場の時代に「茶屋」を生業としていた。茶屋は、市場に来た商人が、問屋や仲卸などから相対取引で買付けした品物を一時預けの場所で、時には大八車や自動車などでの運送作業もやっていた。市場を「やっちゃば」などと言ったりするが、多町市場の場合は「やっちゃやっちゃ」の競り売りではなく相対取引であったので市場関係者は、将軍様御用の誇りも高く「市場」と言っていたと言う。秋葉原に移転してからは競売りの流通卸売市場なので「やっちゃば」だと言えるが、神田はそうではなかった。市場の取引形態が、こうした愛称にも反映されている。今でも、市場時代からの家系の、四、五軒が町内に残られている。

図 4-1-3：神田市場の時代の道路空間（明治 30 年代蓮根を並べている）（「神田市場史」より）

図 4-1-4：神田市場の時代の道路（明治 40 年当時の市場）（「神田市場史」より）

（三）大震災、市場から職人町へ

大正一二年（一九二三）、東京を壊滅状態に陥れた関東大震災は多町にも甚大な被害を与え、さらにまちの構造を大きく変化させた。震災直後には、バラックの市場が建ち、復旧したと伝えられている。しかし、帝都復興事業が進められる中で昭和三年（一九二八）に青果市場は秋葉原へ移転し、住民でもあり事業者でもあった市場関係者のおよそ七割は多町を去り、住民構成は大きく入れ替わることになった。また復興事業により道路が整備され神田の町が大きく再編されていく中で、現代に引き継がれる多町の道路骨格がつくられた。

震災を経て青果市場がなくなり、新しく形成されたまちの基盤の上には、染物や印刷、製本業などの小規模な事業所が集まり、職人のまちとして多町は新たに発展する。

市場移転後の大正時代から昭和中頃まで、寂しくなってしまった多町を盛り上げるためか、一と八のつく日に一八通りで縁日が行われるようになった。沿道には屋台が並び、特売で青果が山積みになるなど、大変賑わったという。多町には現在も一八稲荷への参道が残っている。

その後の戦争という災禍は再びまちに暗い影を落とし、空襲によってまちの一部が焼失する被害も受けることになるが、戦後は東京に流入する人口を受け入れながら再び職人のまちとして戦後の発展を担っていった。

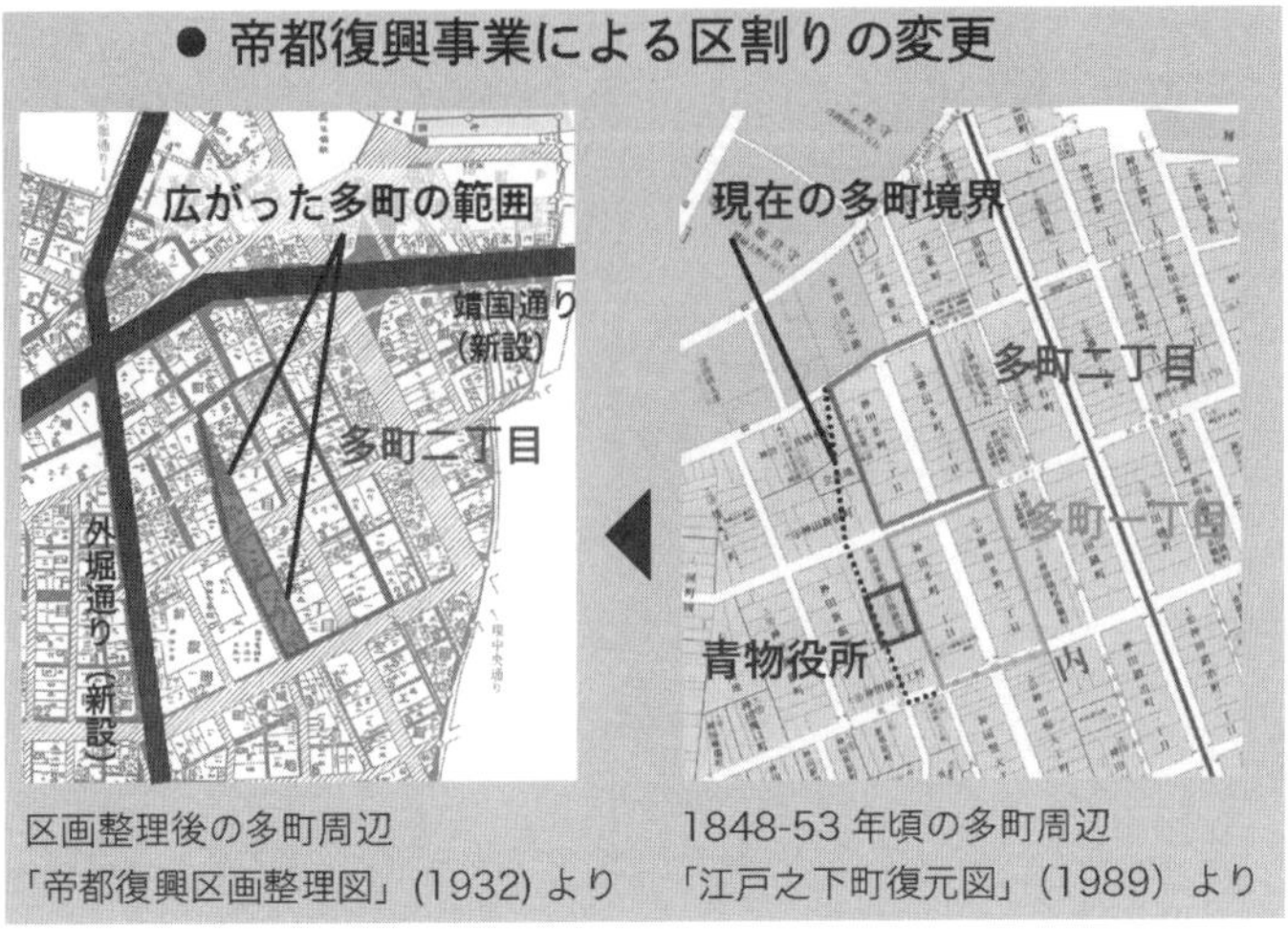

図 4-1-5：帝都復興事業による区割りの変更

(四) バブル・都市計画の変化

震災、戦災の次にまちに大きな変化をもたらしたのは、高度成長期後のバブル経済であった。バブル経済期には日本全国同様に、東京都心の一等地である神田のあちこちで地上げが進み、それまであった江戸時代からの町家が持っていた小規模な敷地割に立っていた二階建ての住商一体の建物は徐々に姿を消し、まちの風景が大きく変容していった。そして、バブルが崩壊すると多くは更地のまま塩漬け状態になってしまい、それらが再び息を吹き返すには二〇〇〇年代を待たなければならなかった。

そして、二〇〇〇年代中頃になると、それらの土地にはマンションが建ちはじめ、まちは新しい住民を多数迎えることになる。現在では、多町は神田の中でも人口密度が高いまちの一つになっている。

二　産業で栄えた職人のまち、多町

(一) 今思い起こす戦後の生業と暮らし

多町は昔ながらの家内工業を含む様々な事業所が集まる「働くまち」であった。多町の昔の生業といえば青果市場が真っ先に思い浮かぶと思うが、北側にあった青果市場が移り、さらに戦争を経た後も、職住一体の事業所が集っていた。特に一の部について五〇年代

図 4-1-6：松本家住宅
市場時代には「くしや伊勢長」という伊勢出身のわさび問屋であった。建物は昭和6年建築の出桁造の木造三階で国登録有形文化財。

の多町にタイムスリップし、どんな生業があったのか見てみよう。

一八通り沿い「ゑびす」の隣の路地から一の部に入ると、この路地は「通ると着物が仕立て上がる」と言われるくらい、着物の仕立てや染物、洗張りが集まっていたという。また、印刷所や製本業もいくつかあった。戦前から、神田駅方面が染物、錦町や神保町の方面が製本や印刷で有名だったため、その間の多町二丁目にこれらの職人が集まってきたのかもしれないが詳しくはわからない。しかし、インクのにおいや干された布の光景を思い出す地域の人もおられるようである。

路地を進んでいくと左手に「白石印刷」が見えてくる。一九五〇年頃の地図にも名前が見つかる印刷所である。その路地向かいに今は「三愛ビルマネジメント」が入っており、よく見るといくつかの建物が繋がっているような建物がある。ここは元長屋で、染物の「京源本店」、「米山印刷」「斎藤しみぬき」などが入っていた。昭和三年（一九二八）建築の長屋を今も中をつなげて使っていて、それぞれ狭いながらも生業を営む賑やかな暮らしが狭い間口の名残から、思い起こされる。

角の「日良忠染物」も昨年まで染物を営んでいた。こちらには二階にご家族の方が住んでいただけでなく、三階に従業員の方も一緒に住んでいたとのこと。他のお店も同じで従業員として働く方も一緒に住むことが多く、二〜三階建ての家の中はどこもぎゅうぎゅう詰めだったという。

このように戦後の多町では、木造建のまちの路地で密に生業が営まれていたこと、そしてそれらが近年まで息づいていることを、路地を歩くなかで名残をまだ感じることができる。

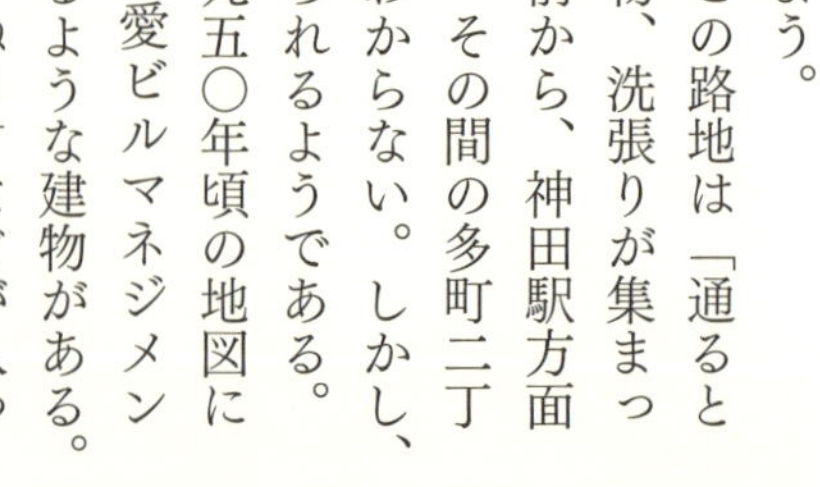

図 4-2-1：昔の製本事業所
（出典：神田学会「写真集『神田』」）

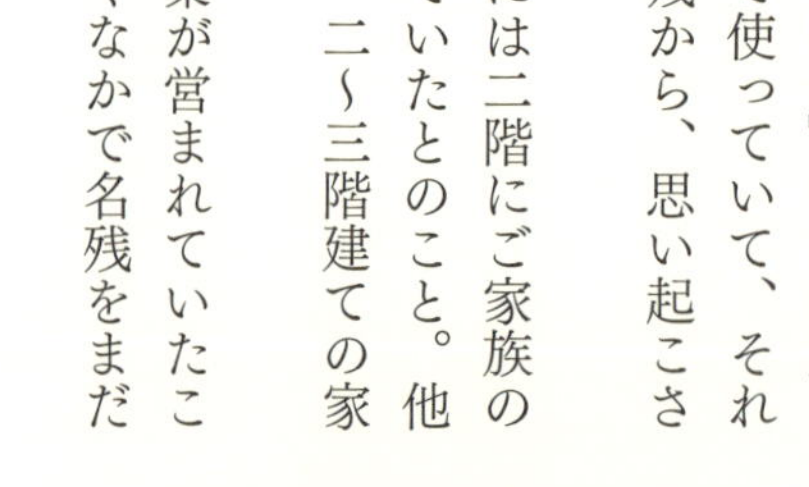

図 4-2-2：現存する染物長屋
現在は居酒屋と地域密着型不動産会社が入っている

（二）路地の奥に生きる職人の暮らしと生業

○多町の染物産業　職人の生き方

神田は様々な職人が集うまちである。戦後、神田駅から近い多町は「職人のまち」となっていった。平成二七年（二〇一五）の暮れまで営業していた多町最後の染物屋「日良忠染物工場」の平岡氏と高橋氏に、職人の暮らしぶりについて取材することができた。

二人によると、かつての多町には染物屋が多く、染めた布を屋上で干すシーンが風物詩であったという。工場の女将平岡氏も「昔、私がこっちに来た時は、神田駅からすごい数の染物屋が広がっていた」と聞かせてくれた。日良忠染物屋は、「誂《あつらえ》の無地染め」、つまり柄のない一点物を染める仕事をしていた。一階部分に機械室と帳場があり、作業しながらすぐ食べられるように、台所も一階に作った。干し場のために四階を増築していて、多い時は百反もの布を干したという。夕方になると、染めるための大きな湯桶を風呂代わりにも使ったそう。長屋で職住が一体化しているのが昭和職人の暮らしであった。弟子が多かった時は、たった計八畳の二部屋に、八〜九人のお弟子さんが寝ていた。実は一〇年ほど前、TV番組「劇的ビフォーアフター」で匠にリフォームしてもらったとのこと。

先代の主人平岡昌三氏は京都出身で、根っからの染物職人だった。職人としての技とこだわりが評価され、工場の売り上げはほとんど日本橋界隈の問屋からの注文品だったというから信頼された職人だったのだろう。

図 4-2-3：染物を干すかつての神田駅東口の風景

人柄を聞くと、昌三氏は非常に優しい人で、奥さんや高橋氏とは一度も喧嘩したことがないお祭り男だった。黒板書きが得意だったので、町会をよく手伝っていた。子供も大好きで、よく近所の子供に七五三の着物を作っていた。このように、多町の職人は多町で暮らし、人情深さと共に歩み、自分の「職」と町への「愛情」を常に大切にしていた。

○路地に息づく職人のまち

奥田久勝氏は、四の部の路地で、封筒作りの町工場「奥田製袋工場」を営んでいる。昔ながらの機械で、職人とともに八〇年近く製袋を続けながら多町で暮らしている。

奥田製袋工場の経緯は、元は鍛冶町三丁目の工場で奥田氏の叔父と父親が働いており、戦後父親が兵隊から帰ってきて、商売しないと食えないというので焼け跡だった多町四の部の土地を借りて、工場を始めたという。

現在は、商品は大手町のオフィスなどに納めているという。ここでも、神田が周囲や内部に大規模な就業地、オフィス街を抱えている土地の利点があるようである。無地の封筒とかは大手業者が大量生産するが、印刷付きの封筒などの一点物を受注し生産しているという。印刷は奥田製袋工場ではできないため、郊外にいる仲間の印刷屋に頼み、業務を連携している。

奥田製袋工場に入ると、まずに目に飛び込むのが大きな製袋機である。これは昭和四三年（一九六八）に、先代の父親と機械屋が協力して作ったものである。機械を買い換えるには二千万もかかるので、古くてもこれを使い続けるという。当時封筒を自動で作る機械はなかったが、先代は器用で、機械を自分で発明してしまった。特許をとっておけば大儲けだったと奥田氏は息子ながらに思ったようだが、先代は「そんなのはいらん、まねしたい人には教えてやる」と言っていたという。テレビが普及していなかった時代にテレビを自作し、近所の空き地で上映会もしていたそう。まちの職人は同時に発明家でもあったのだ。

　奥田氏は、「昔は下町だったけども、ビルが建って変わってしまいました。店もたくさんやめてしまって、元気がないけど、最近は一八通りを盛り上げようと頑張ってる若い人たちもいて、応援したいね。こういうのはじっくりやっていくしかないね」と語っていた。

三　時代の波に変わりゆく多町の姿

(一) 路地と通り

○路地にまちの風景を見る

　多町には多様な表情を持ったいくつもの通りがある。多町大通りや一八通り等の大きな通りはもちろん、それ以外にもふと吸い込まれるような小さい路地が通っていて、町の奥行をつくっていることに気づく。これらの道は、いつ、どのようにできたのだろうか。また、どのような役割を持っていたのであろう。その疑問を紐解くには、江戸時代にまで遡らなければならない。

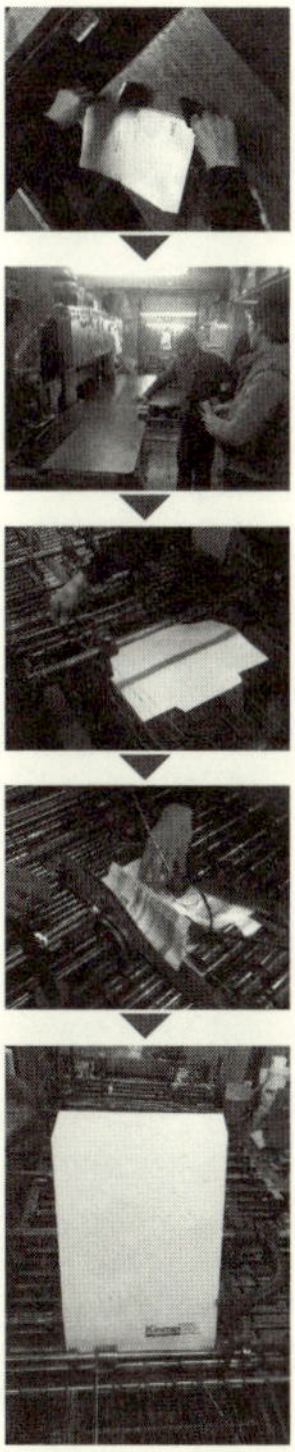

奥田製袋工場の封筒製造行程

型抜き包丁を使用して四角い紙を封筒の形にカットする。包丁は一本15万円。

印刷された紙を、断裁機でちょうど良い大きさにカットする。断裁機は昭和48年製。

製袋機にセットすると、空気で一枚ずつ紙が送られる。

回転するのり糸で糊が付き、紙が折りたたまれ、封筒の形が出来上がる。

封筒の完成。

図4-2-4：封筒ができるまで

江戸時代は、現在の多町大通りを中心にその両側が多町の領域になっていた。まちの北側は市場であったため、大通りの両側には卸商店等が軒を連ねており、通りの空間も商品の陳列等商売に活用されていた。店と店の間には奥に向かう狭い路地が顔を出していて、その路地を通るとあっという間に九尺二間（約二・七m）の長屋の世界にたどり着く。ここには、商店の使用人や親方、職人、振り売り等の職業の人々が多く住んでいた。また、路地の途中には一般に共同便所や井戸等があったとされている。このように、路地の両側には人々が住まう住居空間が広がっていたのである。

関東大震災が起こると、区画整理によって、北東の境界部分に斜めの道が入り、現在松尾神社の参道になっている通りも広げられる等、多くの通りが拡幅された。この時、現在の多町を構成する基本的な道路基盤が整えられたのであった。

市場移転もあって、路地に面した長屋には、着物の仕立てや染物・洗い張りなどの職人や、印刷業や製本業の職人が多く住むようになった。洗い張りの衣類が干されている様子がよく見えたという話からも、路地が住居空間であると共に職人のための空間にもなっていたことがよくわかる。

近年は、大規模な建物の建設により、従来あった路地もビルの敷地に取り込まれ、こうした肌理の細やかな空間は少なくなってきている。また、産業の転換もあって、通りの役割も大きく変わってきた。しかし、お祭り等で路上を封鎖したり、一八の縁日で使ったり、植木鉢が置かれたりといった小さなことからも、時代に応じて変化しつつも江戸時代から受け継がれた住みこなしの知恵を見ることが出来るだろう。

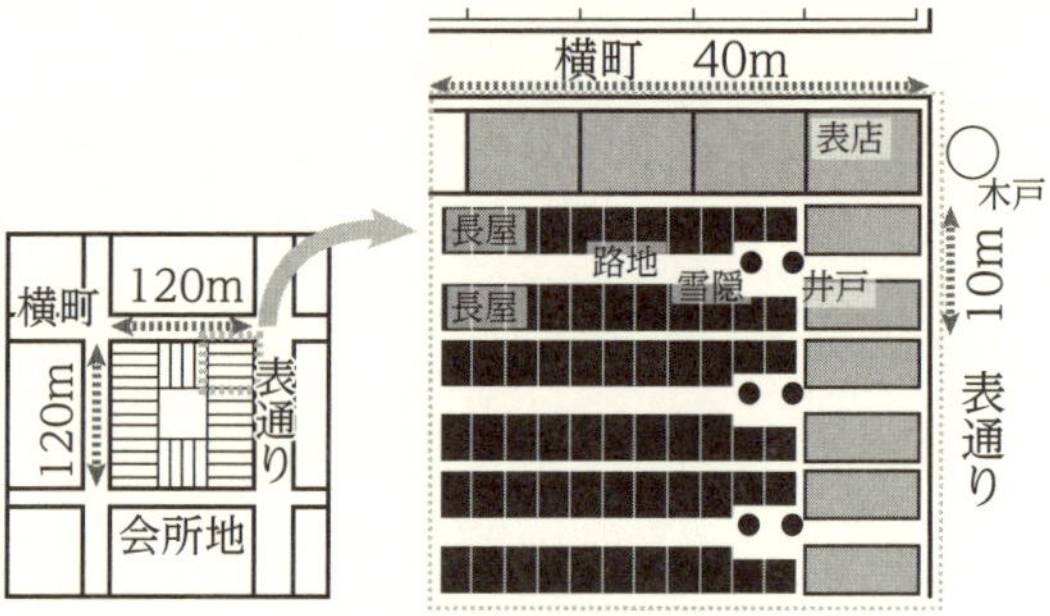

図 4-3-1：江戸時代の一般的な路地と通り

○かつての日常・路地

かつての多町の路地の情景について、多町在住の郷土史家で「市井人・斎藤月岑に学ぶ会」会長の後藤禎久氏は、以下のように記している。

「古いアルバムを開いてみたら、自宅の前の路にゴザを敷いて子ども五人が遊んでいる写真がでてきた。昭和三〇年代の半ばだろう。後ろの風景は多町大通り、スクーターが写っている。車の向きをみると現在のような一方通行ではなかったようだ。それにしても路にゴザを敷いて遊んでいても車の危険を感じなかったとは、夢のような時代だった。

今から四半世紀前になるが、昭和から平成に時代が移ろうとした数年間、日本中に吹き荒れた「バブル経済」の影響で不動産を中心に強引な「地上げ」が行われた。神田の地も例外ではなく昔からの住民が郊外へと転居し、コミュニティが破壊されていくのを肌で感じた。

私が子どものころは町全体がひとつの共同体で、コミュニティなどという難しい横文字を使わなくても「地域共同体」が成立していた。路地には植木鉢が並べてあって、土の少ない都会の中で自然を楽しむ心の余裕があったように思う。時間は今よりはずっと穏やかに流れ、隣家の台所同士が向き合っていれば夕飯の支度をしながら主婦が世間話に花を咲かせ、何か調味料が不足したら手をのばして隣から借りる（私の家がそうだった）といったことも当たり前の日常の一コマだった。

家の鍵を掛けなくても「ちょっと出かけてくるネ」といえば現在の「セ

図 4-3-2：多町の路地空間

コム」以上の防犯対策になっていた。親がいない間の子どもの面倒も近所のおばさんが担っていた。私ごとで恐縮だが、私が悪さをして怪我をした時も近所のおばさんに連れて行かれて奥田医院で縫合手術を受けている。
バブル崩壊後、町内のあちこちに更地となった駐車場が出現し、その場所には現在はマンションが林立している。この町に住む住民も過半がバブル以後の「新住民」となったが、昔の郷愁に浸っていては前に進まない。現在の「新住民」も何れは土地っ子になるのだから。」

多町では、神田祭やラジオ体操等、町を挙げての行事をするときにはたびたび道路封鎖をする。神田ではよく見られる光景だが、これもまた多町市場があった時代から敷地の前の道路は商人（問屋）が自由に使っていたことの名残りかもしれない。神田の地域の人は、道路空間を使うのが実に巧みなのである。

（二）地域活動とコミュニティ

○地域がひとつになる神田祭

町会と神田祭は必ずしも一体ではないが、地域活動を支える町会活動とセットで最重要の行事が神田祭と言える。神田祭は日本三大祭りに数えられ、日本の祭の中で最も活気のある祭の一つである。本祭は二年に一度開催されており、二〇一五年には、神田明神御遷座四〇〇年として非常に盛り上がった。しかし、実際のところ神田明神の創建の詳細は分からず、祭自体の発祥はよく分かっていない。

図 4-3-3：多町市場を巡行する山車（明治 17 年）

江戸時代には、将軍の構える江戸城に山車が入り、大きな盛り上がりを見せる「天下祭」として定着した。近代に入り、まちなかに電線が張り巡らされるまでは、山車も出ていたが、今では見ることはできず、数少ない資料から当時をしのぶに留まっている。現在は、一〇八町会が二日間をかけて神輿を宮入させる。各町会では、大人神輿や子供神輿など複数の神輿を所有しているところもあれば、一基もないところもあるという。宮入は、祭の一番の見所で、綺麗に宮入ができなければ、何度もやり直し、夜まで延びていく。ここは町人のプライドを賭けた晴れ舞台なのである。前掲の通り、多町二丁目の神輿は一〇〇以上ある神輿の中でも一番大きく迫力満点。地域の誇りとなっている。

○町会　一年の行事、果たす役割

多町二丁目の住民にまちを楽しんでもらうために、様々な行事やイベントを運営すると同時に、町への愛情を育んできたのが多町二丁目町会である。町会副会長・田畑秀二氏に話を伺い、町会の活動や役割に迫った。

田畑氏の町会での活動のきっかけは、二二歳の時（昭和五四年〈一九七九〉）のお祭りで、初めて少しだけ大神輿の仕切りを手伝うことになったことだという。やはり、神田の町会にとって神田祭の持つ意味はとても大きい。その後、田畑氏は二七歳の時に青年部に入った時にいきなり副部長に任命され、町会の役員となった。二九歳では青年部長になったが、その当時の青年部は少なく、自分を含め二人だけであった。そのため、青年部の二人は、年の近い先輩や後輩はもちろんのこと、企業の方に声をかけ必死で人を集めたという。多町にも数はそこまで多くないが、

図 4-3-4：多町の神輿

企業が多く立地している。そこで働く人のほとんどは、郊外など通ってくる勤め人であるが、彼らもまた神田多町の一住人ということだろう。こうした田畑氏の呼びかけに、企業も応えたのである。神田にはこのように町会活動に立地する企業が支援する例が他の町会でも見られる。

こうして、その時に集まってくれた仲間で青年部を大きくしていったのである。すべて一からの事も多く、みんなで毎日のように集まり、何をすれば町会の為になるかと話し合った。田畑氏は、振り返るとその頃が一番大変だったが、楽しく充実していた時間でもあったと述懐する。三〇歳で大神輿実行委員長、三五歳で大神輿責任者に任命され、多町二丁目の神輿の仕切りを任された。その後、多町二丁目の事をもっと知り、町会に恩返しをしたいと図書館や祭りに詳しい人を訪ね歩き、江戸古町の一つであり、神田市場の中心地であったこと等、調べれば調べるほど歴史や文化を有している素晴らしい町であることが理解できてきたといい、「これからも微力ながら町の為に役に立てるよう努力していきたい」と語ってくれた。

こちらから、「町会の役割やこれからの町会への期待はなんですか？」と聞くと、田畑氏は、「町の住民や働く人々の為に、防災、防犯、福祉、清掃、祭り、イベント等の企画、運営をし、日頃から、皆様の親睦を深める事により、この町に対し愛情を持ち、いざという時に助け合いのできる絆を作って行くことが町会の役割だと思います。今後町会員が増え、コミニュケーションのとれる町づくりをして行きたいと思います。」と語る。多町、まちに対する深い愛情の眼差しが垣間見えた。

表 3　多町二丁目町会主要行事（他にもイベント各種あり）

1月	賀詞交換会、新年会（ビンゴ大会）
2月	神田祭の町会責任者及び各委員選び（隔年）
3月	ボウリング大会（豪華賞品付き）
5月	神田祭（隔年）
6月	町会総会
7月	ラジオ体操、子供縁日
10月	区民体育大会
11月	中神田十三ヶ町会祭礼委員会発足（隔年）
12月	夜警（子供も）

○マンションから広がるまちと祭りの輪

近年、都心回帰を目指した千代田区の住宅政策は、新しい開発に住宅付置義務などを課すことで、マンション建設が進み、多町にもマンションが少しずつ建設されてきている。江戸の町人文化、職住一体の都市生活文化が息づく神田多町にあって、マンションという住宅専用の建築物の存在は、これまでにない多町の新しい歴史の始まりとも言えるものかもしれない。そんな中で多町在住一〇年目を迎えた川城史義氏は、多町のマンションに住みながら活発に町会活動に関わっている。マンション居住の新規住民は、歴史ある町人文化を持つ神田多町とどのように地域に輪を育んでいるのであろうか。

川城氏が、町会活動に関わるきっかけは、そもそも住んでいるマンションの建設時に地元と一悶着あったことが背景にあるという。川城氏は、その背景を知って、子供がむしろ町に馴染んで声をかけられるようにと思って町会に入ったという。普通そうしたトラブルは回避したいと考え、むしろ距離をとろうとするような気もするが、川城氏は違った。最初は地元の名家の一つ、松本家に相談しに行き、翌日電話がかかってきて青年部所属ということになった。町会の行事は毎週のようにあり、最初は良く分からず全部参加したが、今は行ける範囲で参加するようになったという。

神田祭は、住んで最初の二回は様子見をして、平成二五年（二〇一三）から参加した。神輿が倒れないように押さえる役目で、たいてい青年部はここを担当する。しかし、宮入の後や前日の町内巡回など、人が少ない時には神輿本体を担ぐこともあるそう。

祭に参加してよかったことはどんなことか、聞くと、川城氏は、「爽快感ですね。まちを我が物顔で歩ける。町会と仲良くなるきっかけにもなりました。」と言う。

一方で、町会活動に参加するハードルとして、引っ越してすぐの頃、マンションから参加している人は少なくて、入りづらく感じたという。祭の半纏を買う場所も最初は知らない。そこで、川城氏は新しく入りたい人にはそういう情報も提供している。また、衣装も一通り揃えると一万円くらいかかるため、試しに参加したい人にはハードルになっているので、川城氏のマンションではレンタル半纏も用意している。このようにできる限り参加の障壁を下げることで、地域活動の輪を広げる努力をされている。積極的に周りの住民を引き込むためには、「祭り参加者募集！」という手紙を作ってマンションの全戸のポストに入れ、子供が一五人集まった。平成二七年（二〇一五）には管理組合のＨＰでも情報提供と募集をして、大人も数人集まった。祭りの準備のあとは地元の居酒屋である「かど」に飲みに行って、そこから多町にはまっていく人が多いのだという。これらの工夫も、川城氏が自ら関わってきて感じた点を、メンバーと一緒に試行錯誤しながら改善しているようであった。

「ぜひお気軽に！　町会に入らずとも祭りには参加できますし、今の町会もみんな歓迎の雰囲気で、一回来るとすぐに馴染める場所なので、ぜひ参加してみてほしい。」と川城氏は話す。

○「残ったのは人間関係」地区計画の試み

「多町を、人の住むまちにするのか、貸しビルのまちにしていくのか……」「ビルが建つと変わってしまう。神田の路地は子どもの遊び場であって欲しい！」時は、平成九年（一九九七）の多町の路地に店を構える大衆割烹・宿場。多町の未来を本気で考える地元の人々が集まり、日々熱い議論を重ねていた。

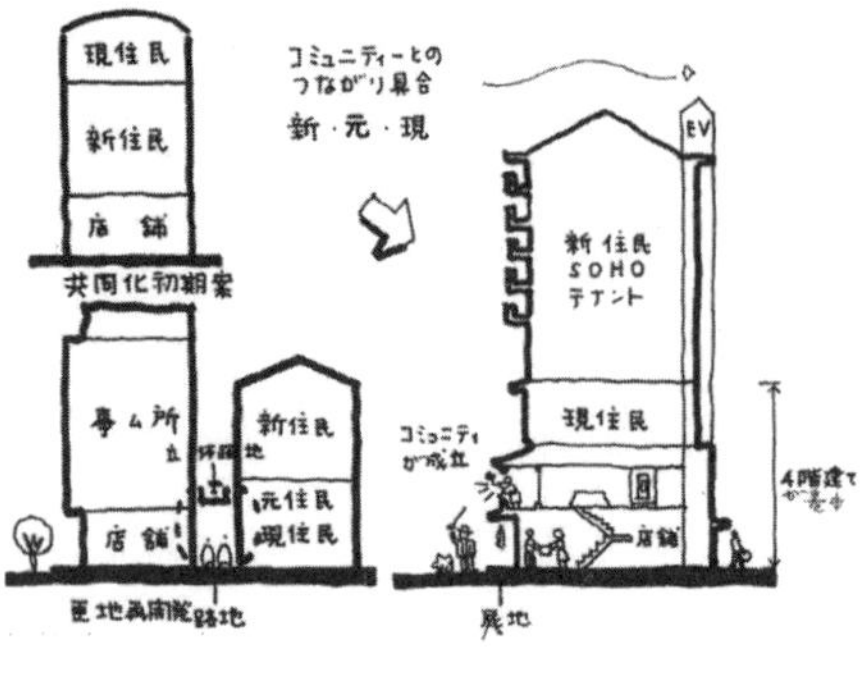

図 4-3-5：「地べたのコミュニティ」を守る SOHO 併用住宅の提案
（出典：「神田多町二丁目地区及び周辺地域地区計画調査報告書」）

「地区計画」は、区よりも狭い範囲で都市計画に関するルールを定め、地域に合ったまちづくりを進める仕組みである。平成九年（一九九七）頃、地区計画の話が持ち上がり、区役所の小藤田氏は地元工務店の久保氏に相談し、多町の有力者を集め、多町の方針を話し合った。しかし、まちへの思いが人一倍の多町人たち、なかなか簡単には決まらない。そこで、まず平成一三年（二〇〇一）に、まちづくり協定を策定し、まちの方向性を示した。協定では、「にぎわいのために一階に店舗や作業所を」「路上駐車をしない」等のソフト対策や「建て替え時にはデザインを協議会に打合せる」という内容を盛り込んだ。同時に「ワンルームマンションガイドライン」も策定し、ゴミ捨てを正しく、町会に参加するなどの入居者へのメッセージを込めた。そして、住民まち歩き、小学生アンケート、数多くの会議を経て、平成一四年（二〇〇二）、ようやく五町会合同で地区計画が決まった。

当時の多町ではバブルの地上げによる空洞化が深刻で、人を住まわせて活気を取り戻す方針が浮上した。そこで、歩道を広げるとより大きなマンションを建てられる規制緩和を行うことにした。ただ人数を増やすのでなく、住みながら働く人が担い手になるよう、「ＳＯＨＯ住宅」なども提案され、神田の特徴を活かしたまちづくりが模索されたのである。また景観保護のために千代田区では「千代田区景観マニュアル」が制定された。

近年マンションはこの地区計画に則り、建てられ、多町の街並みは少しずつ変化している。中神田地区計画では、建物を一メートル後退することで、容積率ボーナスが上乗せされ、斜線制限が撤廃される。そのため、道路空間が広くなり、

図 4-3-6：多町大通り
多町の中央を縦断する多町大通りは、地区計画によって1メートル壁面が後退し、高さ36メートルに揃った建物が徐々に並びはじめている。昔は車が入ってくることもほとんどなく、大通りで遊ぶこともできたという。

また、開発業者にとってもマンションなど新規開発をしやすい条件となる。また、平成一六年（二〇〇四）の地区計画の変更によって、住民の多様化のため、ワンルーム以外の住戸を入れると容積率のボーナスが上乗せされるようになった。千代田区区役所小藤田氏は、「地区計画をやって一番得たのは、真剣に話し合って培われた人間関係だ」と成果を語った。

四　変わらぬまちへの思い

（一）多町のシンボル、松尾稲荷神社と一八稲荷

○そこにあるもの―多町と松尾稲荷神社

大きくまちの変化を経験してきた多町にあって、変わらないシンボルとして神社がある。多町の路地にそっと鎮座する地域の心の拠り所である。ここでは、多町在住の後藤氏に話を聞いた。

後藤氏は、かつての多町の有力者であった鶴岡辰五郎。その縁を辿っていくうちに松尾稲荷神社にたどり着いたという。

後藤氏によると、松尾神社は今のところにずっとあったのではなく、三回ほど変遷している。江戸の初期から立地しているといわれているが、詳しいことはわからない。どんな古地図を見ても、松尾神社のことはでてこないという。しかし、市場の守り神であったことは事実としてある。

多町のまちの人と松尾稲荷神社との関係について伺うと、過去に一度だけ、住

民だけで松尾神社でやったイベントに結婚式があるという。発端は菅納氏夫婦がお祭りの直会のときに、町内の若い夫婦がお金が無いから結婚式をあげていないと聞いて、「よしっ、じゃあ俺たちで結婚式やってやろうじゃないか」と立ち上がった。

それで、場所は町内の松尾神社に決まった。役者は揃っている。松本家の息子が神主だった。それで、後藤氏が花嫁の父親代わりになった。仲人を菅納夫婦が行った。次に花嫁衣装はどうするんだとなり、婦人部の中から昔着ていたものがあると聞き、それを借りようとなった。着付けは、町内のおかみさんたちの友達で内神田一丁目の桜井氏が着付けが得意だと聞いて、だから白無垢もやった。後藤氏の自宅で全部着替えた。さらに、パーティーのケーキどうするんだとなれば、「じゃあ」、と婦人部でつくった。披露宴は、久保工のビルの一番上がホールになっていて、久保氏から借りた。そうやって、後藤氏の家を花嫁の実家に見立て、松尾神社の前で結婚式を挙げた。田畑氏の娘と、後藤氏の息子が高張りの提灯をもって町内を一周したという。お祭り好き、面白いこと好きの神田っ子ならではの発想である。心温まる地域の皆の心に残るイベントが松尾神社で行われた。

○みんなの松尾神社・一八稲荷

このように地域に愛されている松尾神社。一八稲荷と合わせて、地域住民の人々の言葉をまとめてみた。それぞれの重い思いから地域のシンボル松尾神社と一八稲荷を点描してみたい。

図 4-4-1：多町まちをあげての結婚式

親の代から何十年も、京都の松尾大社に多町のみんなで行った。僕も五〜十年前まで。（鳥正）

多町の人間にとっては、ただあるだけ。多町の人間でそんなにお参りしている人は、今までみたことないね！（後藤氏）

神社の奥に納屋があって、祭りなどで使うパイプ椅子を置かせてもらっている。（川城氏）

先代の平岡さんは毎日松尾さんを参拝していました。そういうのが好きな人でした。（日良忠染工場　高橋氏）

松尾神社、一八稲荷はランドマークとして見ています。松尾神社が料理の神でもあるのを街歩きで知りました。（山崎氏）

神田のお稲荷さんや神社はどこも大事にされていて、松尾さんのように裏路地で神社に遭遇すると嬉しくなります。（小俣氏）

意識して通って、今日もよろしく、と参拝する。だまって通り過ぎるのは申し訳ないという気持ち。どちらの神社も。子供のときはなんとも思っていなかったけど。（古賀氏）

通りがかる時は、必ずポケットから小銭を出して参拝する。素通りはしない。松尾さんは市場の守り神。神社か稲荷かもわからない。（立山氏）

松尾神社・一八神社について、環境が変化する中でも、存在感のある神社です。神田多町二丁目のシンボルであり続けていますように。（薗田氏）

一八稲荷には、ほぼ毎日参拝している。親父がそういうのを好きだった。一八の建物維持会の役員も担当していて、明神の神主が祝詞をあげにくる。

図 4-4-2：松尾神社
松尾さんと呼ばれ地域に愛されている神社。昭和頃は子どもが遊ぶ時の集合場所だった。賽銭箱には神田青果市場とあり、市場の守り神として信仰されていた。毎年10月に神社の祭りがある。

（宿場　大久保氏）

子供のとき、縁日によく行った。一八稲荷の維持会をやっていて、みなさんから年会費をもらっているので、初午の祭りで、みなさんに記念品を配ってお返しする。今年は三月一二日だよ。（越後屋　石川氏）

（二）まちに新しい活気を生み出す

○一八マルシェ～まちおこしにかける想い

多町は、歴史のある神田の界隈であるが、歴史を大事にするだけでなく新しいまちづくりの取り組みも行われている。商業者の集まりである「一八振興会」は、青果市場発祥の地として一八通りを盛り上げるため、毎月野菜直売イベント「一八マルシェ」を開催している。一八振興会の代表で、老舗焼肉屋「ゑびす」の店主・堀川氏に、思いを伺った。

ゑびすは、以前は、肉の卸をやっていた三代続く老舗の焼き肉屋。昔はいのしし肉屋で猪を吊ってあったこともあるという。

一八マルシェは、以前は平日一八日の昼に開催していたが、近年日曜日に変更した。これは、多町の人がいるのが休日だということで、まずは地元の方々に知ってもらいたいということから変更したのだという。

ゑびすは、堀川氏の祖父から八五年続く老舗で、先代の父は地域活動をやってきており、店での商売と地域活動をつなげたかったと堀川氏は考えていた。堀川氏は次男のため、外で働いていたが、厳しくなった店の立て直しを任されて帰っ

図 4-4-3：一八稲荷
江戸初期創建と言われ、地域の守護神として祀られてきた。終戦直後に取り壊れたものを地域住民らで再建した。以前はゑびすの路地が参堂として繋がっていた。

た。そこで、何をすべきか考えたが、ヒントは店の歴史にあった。埃を被っていた写真を店内に貼ることからはじめた。

そして、多町に帰ってきて、地元のよさを再確認して、町を盛り上げたいと考えるようになった。そこで、かつての一八縁日の復活を目指し、思い立って飲食店の人たちに声をかけた。農家の所に行くと、苦しいながらも素晴らしいものを持っていた。「愛を発信しよう」、そう思ったのだと堀川氏は語る。活動当初は勢いでやっていた。とにかく、外に飲みに行って、やりたいことをとにかく周りに伝えた。しかし、やったこともない、どうしらいいかもわからなくて、はったりでやってもうまくいかなかった。その後少し間が空いて、二〇一五年の一月くらいに仲間たちが一緒に形にしようと。この年は七回開催した。野菜は、各地の農家のご協力で取り寄せている。また新しく店巡りスタンプラリーも始めた。

旧住民・マンション住民・企業の人たちがひとつの輪に入れるような空間づくりが目標である。当面は毎月開催して、継続的にやっていく。日曜日開催なので、一番は認知してもらって、まち全体で応援してもらえるようにすることが大事だと語る。だいぶ地元の人が来てくれるようになってきて、話さなかった人と話して、少しずつ輪になってきている。とにかく、こちらが怖がらず、色んな人に声かけるのが大事だと思っていると、語ってくれた。

一時期の空洞化で住民の数が減った千代田区、神田であったが、このように都心回帰の中で戻ってきた住民の姿に新しいコミュニティづくりの輪が拡がっている。

図 4-4-4：一八マルシェの様子

○帰れる場所、多町に店を構えた思い

古賀愛子氏は、平成一四年（二〇〇二）年まで祖父から継いだ多町の酒屋を営業していた。その後一二年間を四谷荒木町で居酒屋「月の蛙」を営んだ後、平成二七年（二〇一五）に多町に戻ってきた。小さな扉が印象的な一八通りの居酒屋「月の蛙ヱニシ」だ。オープンにかけた思いを伺った。

大正時代、佐賀から上京した祖父母が構えた酒屋を、多町生まれの古賀氏が継いで二五年多町で営業を続けた。しかし、頑張ったものの力尽き、心機一転、四谷荒木町に移り、「月の蛙」を経営していた。しかし、母が亡くなったことがきっかけとなって、多町に戻り、二〇一五年に「月の蛙ヱニシ」を開店させた。一階、二階を店舗スペースに改装し、三階で暮らしている。

四谷の店を開店させた二〇〇二年当初は、まだ少なかった「女性が一人で飲める店」にしたいと思い、ビルの三階に店舗を持ち、看板も出していなかった。だから知る人ぞ知る、という隠れ家的な店だった。多町に戻ってきて「月の蛙ヱニシ」では、長年編集記者をして来た竹澤まり氏との関わりが切っても切れないという。五年前に竹澤氏とｗｅｂマガジンヱニシを立ち上げ、中小企業や地場産業、個人として頑張る人たちのインタビュー記事を作り、彼らと繋がって商品開発を行い、販売するという仕組みを作ろうと頑張ってきた。多町のこの店は、そのｗｅｂ上のヱニシとリアル店舗を連動させるために作ったという。そのため、二階のスペースでは、イベントや展示会、各種の勉強会なども行い、店を通じて繋がった人たちと、さまざまな商品を開発して行こうと考えている。今では四谷時代のお客だけではなく、この町で働く方達も訪れるようになったという。今後は、サイトと店と、神田多町が少しずつつながって、自然にさまざまな展開が生まれ、ヱニシのサイクルが回って行くようにしたいと語る。古賀氏の店は、老舗と呼ばれることは決してないが、神田にて商売をする遺伝子は持った人である。

「多町に生まれて良かったと感じています。四谷に一二年住んで、田舎はなくても帰る場所がここなのだ、ということに気づいた。親は、子供のために帰るところを作ってくれていた、というありがたみがわかった。感謝しなきゃいけない。自分には子供がいないけど、そういうものを伝えていけるものはなにか、と考えているところだ。帰る場所がここだ、という思いは、押し付けるもんじゃないし、母からそういうものだと言われていたらうっとうしかったと思う。今になって、母の思っていたことがわかった。神田を、つないでいきたい。多町のいいものを伝えていきたい。この思いをどうつなげていくかは、ヱニシを続けることで見つかると思っています。」と古賀氏は語る。

自分のルーツとしてつながり、多町で新しい挑戦をするために帰ってきた人が新しい人と人との交流や出会いの場を創出している。このような思いに応える場所性が多町や神田にはあるのである。

○あなたにとって多町の誇りとは？

神田多町をはじめて歩いた時、現在の住居表示は多町一丁目がなく、多町二丁目しかないことを不思議に思う人もいるだろう。これはなぜか。多町の住居表示のなぞを解くには、前述の関東大震災後の帝都復興事業まで遡る。この復興事業による区画整理事業で、堅大工町と新石町の一部を併せて新しく多町一丁目とし、もとの多町町域を多町二丁目とした経緯がある。そして、昭和二二年（一九四七）、神田区が千代田区に合併すると同時に冠称を復した。その後、昭和四一年（一九六六）の住居表示により多町一丁目は内神田となったが、住民の反対運動により多町二丁目は住居表示の改訂が未実施のままとなっている。このように、神田多町では、地元多町に対する愛着が深い人々が集まり、暮らしているのである。

そこで多町に暮らしている人たちは、多町についてどのように感じているのか。ヒアリングの端々で見えた発言録を本章の最後に付記しておきたい。

近隣町会と顔見知りなのが嬉しいね。うちは多町だぞ、と冗談をいいながらライバル意識を燃やすような関係。楽しい。（宿場　大久保氏）

偶然生まれて、ここにいるだけだよ。店をやっている。ただそれだけだよ。笑（鳥正）

昔は近所でコミュニケーションがあって楽しかった。最近はマンションの人とも仲良くなれて、楽しいね。（越後屋　石川氏）

ホッとする空間。周囲は高い建物に囲まれ、息苦しいなかで貴重な空間かと思います。（上田屋　まさこ氏）

歴史の深い町に生まれて研究しているという幸せがある。江戸の原点だと思っている。（立山氏）

やっぱり市場があったってことかな。昔のことをいろいろ調べたりするうえで、あとはだれかにこういうまちなんだよっていったりするときに、やっぱり市場というのは一つのキーワードになるんだな。（後藤氏）

もともとは下町で地域社会も形成されていた。お店も個人商店が多い。積極的に

神田を利用してもらいたいと。（ゑびす　堀川氏）

神輿の大きさは神田一。まつりのときはつらいが。良くも悪くも村で、この距離感がいい。（川城氏）

まずは祭りの文化です。それによってみんなが結束する、まとまる。次は歴史文化です。憶測かもしれないですが、多町二丁目が神田祭の中心だったよ！最後はやはり人です。「柔らかい」人たちが集まっている。その柔らかさは優しさであり、暖かさでもある！　それが多町の人情です。（田畑氏）

第五章　老舗に読み取る神田の未来景

街頭の格安本コーナー（神保町）（写真集「神田」より）

一　神田の「生きた風景」

（一）老舗に見る「生きた風景」

これまで見てきたように、神田に存在する多数の老舗はまちが積み重ねてきた歴史の語り部であり、まちを舞台にした商い＝経済活動であり、まちのコミュニティの礎ともなっている。神田というまちを、歴史・経済・社会の三側面で象徴する存在と言い換えてもよい。

来街者の視点に立って、まちを散策することを想像してみたい。目に映る風景のなかで直接的に歴史を伝えてくれるものは例えば石碑や社寺の建築物であったりするかもしれないが、それらは記録的であり言わば「止まった風景」である。そして経済の流れや社会的コミュニティといったものは、目の前には立ち現れない「見えない風景」である。そこで私たちは老舗の商いぶりや店主の話しぶりを通じてこそ、神田のまちの背景にある歴史・経済・社会の流れを感じ取る。老舗はこのまちのアイデンティティを伝える「生きた風景」である。そして、老舗が不易だけでなく流行をしっかりと取り入れているからこそ、また、都心の入れ替わりが激しいまちの中で商っているからこそ、その風景はより生き生きとしている。

本書の冒頭で、神田では災害や土地改変が多く建て替わりも相次ぎ、「老舗が外形で表現されるのではない」ということをご紹介した。しかし、まち全体を通じ老舗から感じられるその「生きた風景」という空間性については、この章でわずかながら考察を深めておきたいと思う。今後も激しく移り変わるであろう都心の風景の中で、老舗の醸し出す神田らしさを受け継いでいくためのカギになると考えるからだ。それと同時に、老舗を中心とする神田の生きた風景を今後継承していくことに、幾ばくかの不安要素があるからでもある。

「生きた風景」は何によってもたらされているのか。神田の老舗を再び巡りながら、考えてみたい。

(二)「生きた風景」を理解する

○顔づくりとパブリックマインド

〝あの店の親爺さん〟と言えば、思い浮かぶ顔がある。老舗の礎である家族経営という仕組みが、このことと直結している。家族が地域コミュニティに当然関わるように、それぞれの店は地域コミュニティに参加して、地元の認知を得ている。だからこそ、店主の顔はすぐに思い浮かぶし、連絡だってすぐに取ることが出来る。まちの多くの人々が、老舗の店主のことをよく知っている。

これは逆も然りである。老舗の店主たちはよく「神田で商売させてもらっている」という表現を使う。不特定多数を相手に商売しているだけでなく、地元の人がふらっと訪れたり顔なじみの客が多々いたり、あるいはB to B*の商売が基本であるからいつものお得意先を回ったりもする。当然、同業仲間の集まりといったものも存在する。だから老舗の店主も、まちの多くの人々のことをよく知っている。

そうした濃密なコミュニティを土台として、各々の老舗は商いをしている。その事実は、店が立ち並ぶ風景のあり方に少なからず一定の影響を与えていると思われるのだが、ここで第二章でも取り上げた次の言葉を振り返っておきたい。「見栄と痩せ我慢」。これは「神田っ子の特徴は？」と問われたときに、ある老舗の店主が話してくれたキーワードだ。少しばかり引っかかりのある言い回しは謙遜を含んでいるからなのだろう。まず神田人は、見栄を張る。これは「建前を大切にする、主義を通す自己主張、おおやけを大切にする」。そして、痩せ我慢をする。これは「弱音を吐かない、ルールを守る、抜け駆けしない、フェアプレイを通す」。解釈するとそんなところだろうか。地元の人々、あるいは商売仲間を意識する中で、このスタイルが築かれてきた。

この「見栄」という観点で、老舗の建物を見てみる。銅版葺きであったり細やかな装飾を施した立派な看板建築の佇まいは、見栄の具現化そのものだ。おおやけの風景を、個々がしっかりと支えようとしている。ペンシル状の雑居ビルとて、そのビルオーナーの人となりをどこか反映したような個性ある外観になっていたりする。もう少しズームアップして入口まわりを見てみると、それぞれの店舗が持っている立派な筆文字の看板が、それぞ

＊一般消費者を対象としない企業間あるいは業者間取引を指す。

れの老舗の個性をしっかり主張している。商品を陳列したショーケースも目に入ってくる。きっと陳列する商品のチョイスや並べ方はこの店の親爺さんが決めたのだろう。そう思って店の中を覗き込むと、そこにはちゃんと、その親爺さんが立っている。

この一連の「顔づくり」とでも呼ぶべき風景は、店主個人の顔を明らかにすることで、お客様の信頼を得るという心構えが根底にある。店主の顔が見える商いのまちで、見栄が表出され風景化された結果が街並みとなっている。商い建物全体で通り景観に対する主張と貢献があり、入口まわりで道行く人々へのアピールがあり、その入口に立てば店主が見えるように店内が設えられている。そこに明確なデザインルールはないのだが、「建物の顔は店主の顔を表す」ということを、暗黙のうちに相互に了解しているのだろう。

このような都市に対する貢献の心持ちを、パブリックマインドと呼ぶ。なるほど「見栄と痩せ我慢」は神田人のパブリックマインドを暗に示しているのだ。通りを歩くだけで、その向こう側にいる店主の個性に出会ったような気がする。この体験を、「生きた風景」を構成する一つの要素として捉えたい。

○集積の中を歩く

神田の町はかつてより、古書街／問屋街／繊維街／薬屋街／電気街などの様に、エリアとイメージが強烈に結びついたかたちで形成されてきた。楽器屋街やスポーツ用品街もある。こうした集積は買物客の利便性はもとより、選ぶ楽しみや、ふとした商品との偶然の出会いを提供してくれる。

図 5-1-1　老舗の佇まい（岡昌裏地ボタン店）

同時に、その地域に集積したという事実そのものが、歴史的な経緯や都市の履歴を想起させてくれる。

例えば秋葉原の電気街は、戦災を受けた神田の街に立地した露店街が発祥とされる。中でもラジオ部品や電子部品の露店が徐々に増えたのは、神田の東京電機大学（当時の電機工業専門学校）に部品を販売したからだと言われている。GHQの統制下で秋葉原駅近くにその露天商が移転集約されたのが、現在の電気街のはじまりだ。

このように、産業集積そのものが歴史の語り部だと捉えることが出来る。神田における生きた風景の構成要素のひとつである。

そうした集積は、歩いて回ることでより色々な側面を見せてくれる。

まず神田全体で見ると、駅前に集中していない街の構成が特徴的だ。先程述べたような神田の個性を構成する各エリアは、主として駅と駅の中間に位置している。そのため、例えば、御茶の水駅で降りて楽器屋街を抜け、神保町の古書街を楽しみ、小川町でスポーツ用品を眺めてから、南に曲がれば神田西口商店街に入り神田駅に到着するし、そのまままっすぐ東へ進めば電気街に入り秋葉原駅に至る。そんな気の向くままの回遊が可能である。

もう少しズームして一つのエリア内を歩いてみる。例えば神保町の古書街は「まちの本棚」などと呼ばれる。神保町をすずらん通り、靖国通り、裏通りも含めてぐるりと歩くと、色んなジャンル、色んな時代の本を一周できるという楽しみがある。

さらにスケールアップして一本の通り単位で見てみると、少し広めの道路（神田は道路率が高いまちである）に、狭い間口の建物が並び、その表情がとても個性豊かである。神田の一部のエリアで顕著な、通りに対する間口の狭さという特徴は、町人地という歴史的背景を踏まえた町割に起因する。それぞれの建築物が通りに面することができるのは、ほんのわずかの間口に限定されている。だからこそ、その間口を最大限に活用して、各々が主張し表現するわけである。そんな通りの風景も、集積という生きた風景の一側面と解してよさそうだ。

○チャレンジが起こす変化

「三代商売を続けて初めて一人前」という言葉があるという。神田の街の商店は老舗が多い一方、それ以外に関しては本当に入れ替わりの激しい街で、なかなか商いが定着しない。来るものを拒まず去る者を追わず、どうしても流動的な気風があるらしい。そんな中で三代商売を続かせるのは、よっぽど骨のあるものでないと出来ることではない。神田の街で生き残ったもの同士、特に店主同士が、互いを尊重する精神で溢れている。前述の言葉は、それを端的に表したフレーズだ。不易流行の哲学で変わり続けることも大切する老舗の面々。軒先の商品棚やショーケースを毎日出し入れし、入れ替えする細やかな商い。店主が常々仕入れている、まちの最新情報。神田に希望を持って進出してくる新参者を受け入れる姿勢と場所のストック。固執しない柔軟な姿勢と、人の手やアイデアが盛り込まれた設えで、訪れるたびに少し違った景色を見せてくれる。こんな変わり続ける「生きた風景」があるからこそ、また神田に訪れたいと思うリピーターを獲得できる。

新しい風がまちに吹き込み続けている。近年の神田には特に、チャレンジングな活動をサポートする場所がまちなかに多数見て取れる。老舗からは少し話が逸脱するが、これは次世代の老舗を育てるために重要なこととして、次の二点をご紹介しておきたい。

一点目として、リノベーションの動きを挙げる。代表的なものとして万世橋駅を再生した「マーチエキュート神田万世橋」や廃校利用の「アーツ千代田３３３１」、東神田のエリアはもっと小規模な動きが活発で、Central East Tokyo や裏千代田と呼ばれるリノベーションエリアが構築された。こうした場所のストックがスタートアップを志す小規模ベンチャーを受け入れている。アートをはじめ、挿入された新たな個性が育ち、やがて神田のイメージが更に多様で豊かなものになっていこうとしている。

二点目はオープンスペースの積極的な利用である。ワテラスの広場では定期的にマルシェが開催されたり、平成二八年（二〇一六）末には神田警察通りで車道の一部を歩行者空間化する社会実験も行われた。東京電機大学跡地では「アーバンキャンプ」という一夜限りの都心キャンプイベントも催された。こうしたイベントが小規模にでも分散的に発生することで、神田のまちに、色んな人の流れが様々なタイムスケールで生まれてくる。

ここに共通しているのは、チャレンジによって変化する「生きた風景」である。

○物と情報のターミナル

神田は元来、物の流れのターミナルであった。隅田川（日比谷入江）から遡上

図5-1-2　旧駅の遺構を再生した商業施設（マーチエキュート神田万世橋）

する舟運で物を運び、神田川沿いや平川沿いは江戸に運ばれてくる物品に溢れた。現在の秋葉原駅周辺はかつて、筏で運んできた材木や資材が所狭しと並んでいた。東神田には多数の河岸があり、すぐ裏に建つ蔵で荷を仕分けていたという。神田多町には青果市場ができ、東洋一の大市場となって物のターミナルとしての更なる隆盛を極めた。今も問屋が数多く立地してその流れを受け継ぐ側面があるが、現代においては物だけでなく、情報のターミナルとしての機能が神田に付加されはじめている。

　ユビキタス社会化の延長なのか反動なのか、オフラインミーティングの機運が高まっている。セミナーやオフ会など、言わば集会型のイベントが見直されてきている。これは人々が直接顔を合わせて、情報を交換する場である。古くからあるものとして書店内のイベントルーム（催事場）やいわゆるアキバのオフ会、新しくワテラスにもホール用途が導入され、小さなクリエイティブオフィス「司町３３３１」のようなところも生まれている。

　仕事とは少し離れたところで異業種の人材が交わり、フェイストゥフェイスならではの「ここだけの話」が交わされる。Ｗｅｂ上で手に入りきらないものが得られる。こうした「非公式な場」*でのコミュニケーションからイノベーションが生まれるのだという。老舗の旦那衆のつながりのようなネットワークにも、どこか近いだろうか。

　物も情報も交換されて、そのために人が集まる。そんな「生きた風景」が神田のＤＮＡとして息づいている。

＊入山章栄氏（早稲田大学准教授）が『地域再生の失敗学』の中で述べていることば。

二　神保町古書街の「生きた風景」

（一）　神保町古書街の昨今

神田の生きた風景をもう少し具体的に捉えるために、神保町界隈の古書街に焦点を当ててみることにしたい。神保町駅前に広がる「すずらん通り」を中心とした古書街の界隈だ。司馬遼太郎が『街道をゆく』に次のような一文を記している。

〝本というのは大学図書館や公共図書館におさまってしまえば、人が墓石の下に入ったようなもので、世間を生きてうごかない。世間を歩き回っている本のことを古本というのである。〟

まさに古本というのは、「生きた」存在であると言ってよいだろう。神保町がその古本で溢れるようになったのは、江戸時代の教育機関である「蕃書調所」「昌平坂学問所」に端を発する。明治期以降は大きな学校や大学が近くに多々立地し、その学を支える場所としての古書街が発展した。同時に、神田橋の袂に設立された官営の印刷工場が中心となって、神田区一帯にも多数の印刷工場が育っていったという。こうして古本だけでなく出版社や印刷業も集積し、互いに支えあうことでより強固な集積を成した。現在では本の集積にこだわったまちづくりに数多くの組織や団体が参画するようになり、その支援者も多い。そうした下支えもあってすずらん通り一帯は「まちの図書館」としてのアピールに成功し、産業集積型のエリアとして今も息づいている。古書店の集積するエリアとして「東京で本のまちと言えば神保町」というイメージを保ち続けている。

とは言え、この界隈に関しても好材料ばかりではない。

図 5-2-1　古書街ならではの店頭風景

図 5-2-2　神保町すずらん通りの界隈

老舗の書店が一見生き生きと営業を重ねているように見えても、個々の単位で見ると、その実情は必ずしも芳しいとは言えないようだ。何よりネット社会の到来で本離れが進んでいる。Kindleに代表される電子書籍が一世を風靡し、近年の文化庁の調査では、「二人に一人は月に一冊も本を読まない」というのが実情だ。

また以前は書庫として利用していた建物が地域内外に多々立地したが、書籍の流通構造の変化により店の近くに書庫を持つというニーズもどんどん薄れている。結果、遊休不動産と化した旧書庫の建物が散見されるようになっている。

さらに、この古書街のすぐ南側のエリアでは「神保町三井ビルディング」「神保町トラッドスクエア」「神保町テラススクエア」という三つの巨大開発が立て続けに起こり、この古書街の小さなスケール感が醸し出す〝風情〟とでもいうべきものがいつまで保たれるのかという懸念を払えない。

こうした懸念を神保町古書街が乗り越えていくために、前章で見たような「生きた風景」の継承がそのひとつの道筋にならないだろうか。そんな視点で、この界隈をより具《つぶさ》に見ていきたいと思う。

（二）　古書街で「生きた風景」を発見する

○古書街における集積の魅力

この神保町界隈、まず広い視点で見て神田にとって重要なエリアと言うことができる。それは、地形を見るとよくわかる。旧神田区は二カ所を除くとほとんどのエリアが平らである。二ヶ所というのは台地になっている現在の御茶の水駅まわりと、九段下駅まわりで、それぞれ本郷台地の南端と淀橋台地の東端にあたる。御茶の水駅から南へ、あるいは九段下駅から東へ歩くと、台地を下る向きとなり、その道すがらは、視界も開けて期待と高揚感に溢れた風景が展開する。そうしてこの二つの坂を下りきって合流するように辿り着くのが、この神保町界隈なのだ。* 神田区における遊歩景の中でもドラマチックに辿り着くことになる街が神田神保町であり、そこに古書街の賑わいが集積していることでその体験は殊更のものとなっている。

この古書街の中には、実に一六〇軒以上もの古書店が軒を連ねている。この数は、世界最大である。その書籍数はなんと約一千万冊** にのぼるという。千代田区で最大の図書館は千代田図書館で、蔵書数は一六万冊ほど。都内の公立図書館で神保町古書街の書籍数を凌ぐのは、ただ国立国会図書館と都立中央図書館のみである。それほどの本の集積がここに生きた風景として成立している。

*図2−3−4神田の地形図参照。

**出典：BOOK TOWN じんぼう

○ストリートと店頭空間

この一帯は、界隈が強い道路によって分断されていないことで、エリア内の回遊を促し、まちを図書館に見立てることを可能にしている。歴史を辿ると靖国通りの北側の街区にも書店が立地していたが、戦災と幹線道路（靖国通り）の開通により、その北側街区の書店はほぼ姿を消してしまった。ここへは代わりにスポーツ用品店などが浸食してきていてこれも興味深いのだが、話が逸れるのでここでは話を南側へ戻す。

この古書店街の中心にあり、界隈を分断せずむしろ繋いでいるのがすずらん通りだ。幅員は一一mと決して狭くない道であるが、実際に歩いているとそれほど広さを感じない。道の両側に軒を連ねる古書店を、自由に往来して本を物色出来るという印象だ。広さを感じさせない理由として、多様で人間的な舗装と、細やかな店頭空間の陳列が挙げられる。特に店頭空間については道路境界ぎりぎりまで、時にははみ出すようにして本棚が店頭に並べられていて、向かいあう店空間同士の離隔で言えば、実際の道路幅よりももっと狭いものとして認識される。そしてそのディスプレイの仕方、並べられている本のジャンル、それらが通りに沿って列を成しながら、各店主の個性を間接的に伝えている。

○老舗が始める新しい業態

このまちで起こったチャレンジのひとつとして、最もわかりやすいのが「神保町いちのいち」ではないだろうか。三省堂書店が平成二五年（二〇一三）に始めた取組みで「本屋が取扱う雑貨」というテーマで販売をスタートした。現在は首都圏に多数同業態の店舗を展開するまでに至っている。スタッフが必ずお客様にひとつひとつの商品を説明し、贈り物のアドバイスなどを伝えるという、フェイストゥフェイスのスタイルだ。老舗書店の不易流行のマインドを見事に体現したチャレンジである。しかもこの取組みの一部をすずらん通りに面したウッドデッキテラスも含めて営業している。来街者は古書街に挿入された新しい風景として、このウッドデッキの賑わいに好意的に参加している。

一方、前節で取り上げたようなリノベーションの動きは、実はこの界隈ではまだ多く見られない。多数の地下鉄線が通る神保町駅前に位置することもありそこまで賃料が下がらず、空き店舗にはチェーン店が多く入ってしまいがちなのだ。この地区で可能性があるとすれば、商業床としての価値が下がる雑居ビルの二階

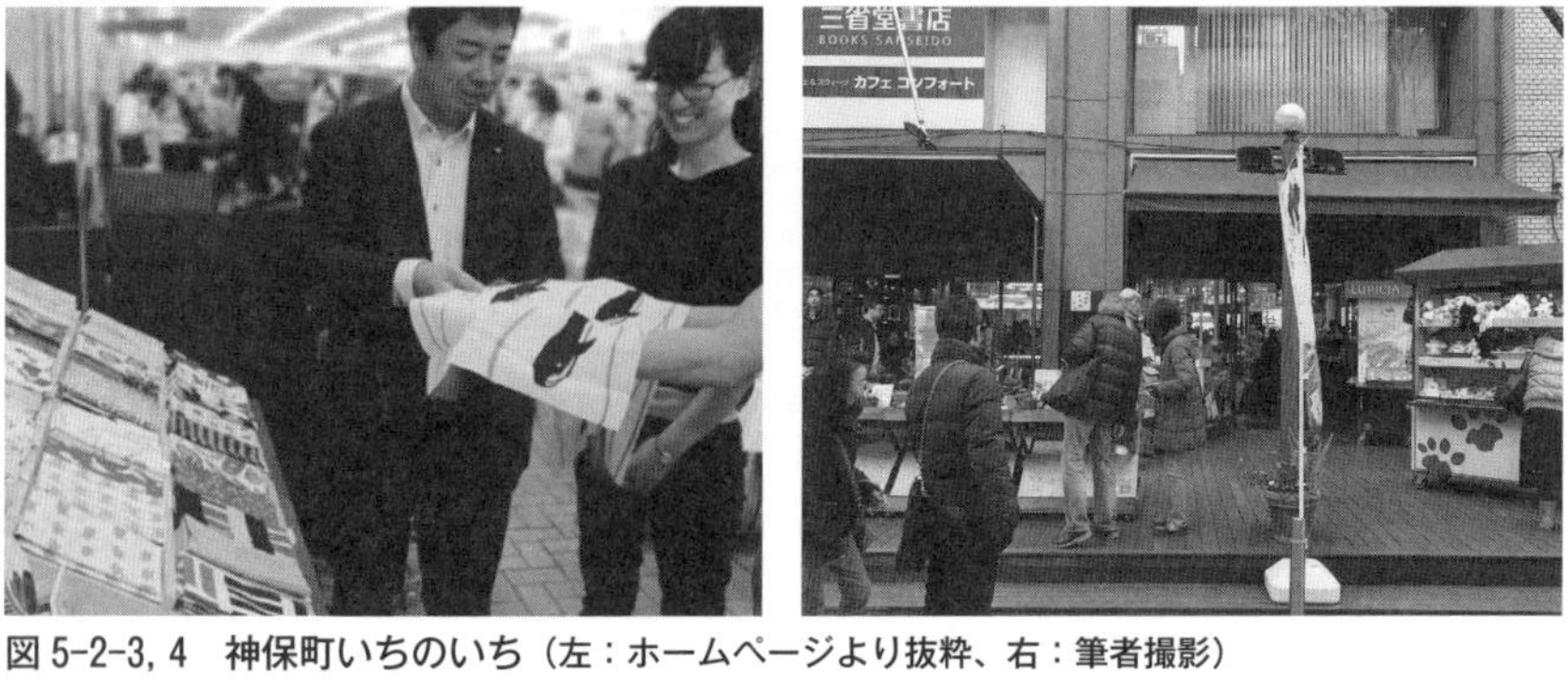

図 5-2-3, 4　神保町いちのいち（左：ホームページより抜粋、右：筆者撮影）

以上などだろうか。専用の店舗階段などの確保を図りながら、そのあたりのチャレンジにも今後期待するところである。

○古書交換会やセミナーの存在

平日は毎日、東京古書センターにおいて古書交換会という市場が開かれる。組合員同士が集まってジャンルごとに本を取引し、各書店に置く専門書の品揃えを高めようという工夫である。これも世界でここだけである。敢えて一般人には開かれておらず、古本業のプロが集まるオフラインミーティングだからこそできる高度なやりとりだ。図書館における司書の役割が、このミーティングの場で養われていると言ってもよいだろうか。店主たちがそれぞれ専門書の分野において更に卓越した情報を得ていく。各店主が商品知識を高めあい、古書店街全体で商売を成り立たせるための知恵である。

これは、神田のまちがかねてより備えてきた、ターミナル機能の現代版と捉えてみることができるかもしれない。ここでは交換会の場そのものは風景として見えてこないが、そこでジャンル分け、整理された古書が各店頭に並ぶことで、結果的に図書館的なる体験をまちに提供してくれる。本のまちならではのオフラインミーティングがエリアとしての商いを強固にし、生きた風景を形作っていく好例である。

三　「生きた風景」の継承に向けて

（一）大規模集約化の流れ

神田は広い道路も数多く、ともすれば、都市計画のルール上はあっさりと高層の建物が建ちやすいということでもある。そして現代の都市開発は、敷地を統合する大規模化が一層進んでいる。新宿や大手町、日本橋や六本木の街並みを見ると、このことは都心の神田においても避け得ない流れである。実際すでに、トラッドスクエアやテラススクエアなどの超高層ビルが、神保町の古書店街脇にも建ち始めている。

神田は歴史を紡ぐまちである一方で、江戸時代には大火、明治時代には洋風建築化、大正時代には震災復興、昭和時代には戦災復興と、常に刷新され新しい物を取り入れ続けてきたという歴史がある。巨大開発は歴史を蹂躙するものとして論難される向きもあるが、現代の東京における新しい要素であると前向きに捉えることも可能である。重要なのは、巨大開発という次の波においても神田のまちのエッセンスをどう受け継ぐのかということだろう。鉄骨やコンクリートで造られる現代建築は、ビルの寿命が一〇〇年ともそれ以上とも想定されて建設される。言わば固定化されてしまう外観を「生きた風景」にすることは簡単ではない。前述したキーワードにも沿いながら、今後に向けた突破口となる切り口を考えてみることにしたい。

（二）神田の大きな空間が担っていくもの

○主のマインドを示す顔づくり

まずひとつの手掛かりとして、「見栄と痩せ我慢」というパブリックマインドに立ち戻りたいと思う。

大規模施設に入居するテナントは一般に内装のみしか手を加えることができないため、個性が表出するのは置き看板やガラス越しの内装空間程度であったりする。時にはビル内の共用通路からしか、区画にアクセスできないような店舗構造もありうる。これではビル共用部の固定化された風景がどうしても勝ってしまい、「生きた風景」がまちまで届かない。

大規模開発の低層部に入る店舗については、やはり各店舗が自立し、それぞれが店の主として、まちと向き合ってもらう関係が望ましい。ポイントは、「見栄を張れる場所」があるかどうかだ。例えば、看板建築のように店舗ファサードに店主の個性を表現することができるような仕組みと設えを、新たな開発の中にも提供すること。店の看板も袖看板含めて店舗が設置できるようにしたり、季節の新商品を飾るようなショーケースや縁側空間を持たせられるとよい。そして最も重要なのは路面店型の店舗区画とすることで、その表出する個性が直接まちににじみ出す仕掛けとしておくことだ。店舗の奥行きを浅く取り、例えば店舗の出入口から見えるような位置に店主の居場所を設けられると、より主の顔が想像できる風景を受け継ぐことができる。こうして老舗の空間構成から抽出したデザイン要素が受け継がれることを望みたい。

一方で、そのビル全体の顔づくりは、その開発主にとっても当然重要になる。「建物の顔は店主（ビルオーナー）の顔を表す」からだ。実は大規模ビルの顔づ

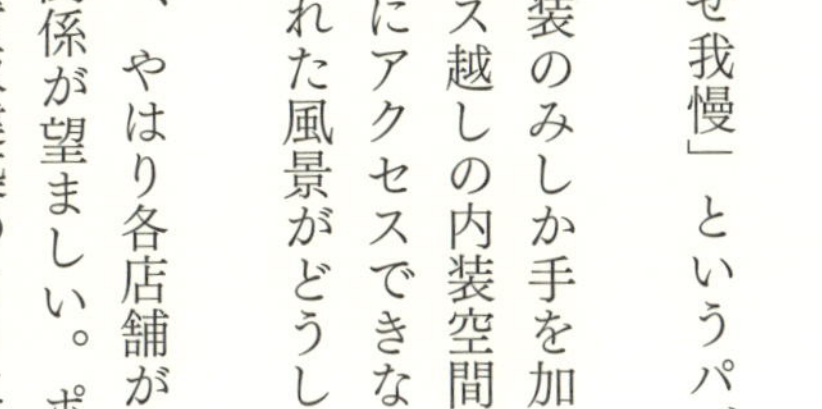

図 5-3-1　店主の顔を表す老舗の様子（神田錦町更科）

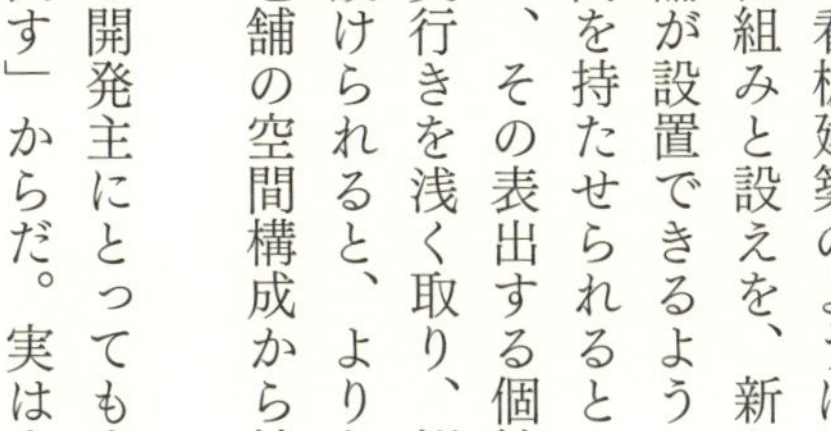

図 5-3-2　路面店型の店舗区画の例（TOKYU PLAZA 銀座）

くりは、かつての町割を下敷きとする猫の額ほどの間口しかない既成市街地の建物と違って、建物のほぼ全周がまちに面することになる。そのため、インパクトの大きさとともにデザインの難しさを持つ。言わば、正面の顔だけでなく、横顔や後ろ姿も整えなければならない。

○エリアに息づく人々のターミナル

大規模マンションができれば何百世帯という新たな居住者が流入してくる。大規模オフィスができれば何千人というオフィスワーカーが毎日のようにやってくる。彼らはどのように「生きた風景」の担い手となってくれるだろうか。

まず、建物の中で生活が完結しないことが重要だ。朝から夜までの活動のすべてが揃っていて、建物外に立ち寄らずに一日が成り立つような大規模開発であってはならない。周辺一帯に、時に人の流れを吐き出し、時に人の流れを吸い込む。周辺のエリアに対して呼吸するような開発の有り様が求められる。それは高層建築が林立する東京において、他とそれを差別化するカギにもなるであろうし、地域にとってもエリアの産業集積をより強固なものにできる。

そして例えば、まちに新しくやってきた人々がオフミーティングに携わり、参加することで、神田はさらにイノベーティブなエリアとなる。色んな「ここだけの話」を聞くことができる。顔を合わせる機会があることで、老舗店主たちが連携していたようなコミュニティが、これからも維持形成される。店主たちはまちの最新情報を入手し、店に戻って客に語りかける。多様なオフミーティングを、多様な場で、多様なテーマで行うことができるとより活発化する。そのための場所がこれまでの小さな都市空間だけでは不足している。大規模施設にオフミーティングの場が組み込まれれば、その施設としても情報の中心となり、地域の店主たちからよく知られた存在になっていくことだろう。

○生きた風景として蘇らせること

開発のタイミングで、今まで止まっていた風景を生き返らせることができる。そのような例がすでに生まれている。人々から忘れられていた万世橋のアーチ架構の商業施設への転用、ソラシティ内に移築再生された土蔵、テラススクエアに残った古い近代建築のファサードなどが、歴史の語り部として近年蘇った。時には使われずに見失われ、時にはまちの裏側にあって見えづらかったものたちである。そこに手を入れ直し、見える形で生き返らせたことで、先に述べたビルオーナーの「顔づくり」の一部になったり人々のオフミーティングの場を個性的にする役割を担ってくれたりする。

不思議なもので人間は、一度止まったものが動き出したときの方が、それをより生き生きとしたものとして感じる習性にある。そして実際、ものを再生することは新しく一からつくるより手間もお金も掛かるものである。それだけにこうした取組みで取り戻す「生きた風景」は重要で、大きな開発だからこそ再生可能といった側面もある。大きなリノベーション的チャレンジである。

(三)　神田に行けば何かが起こる

そこに何があるのか、すでにわかっているところを歩くことほどつまらないも

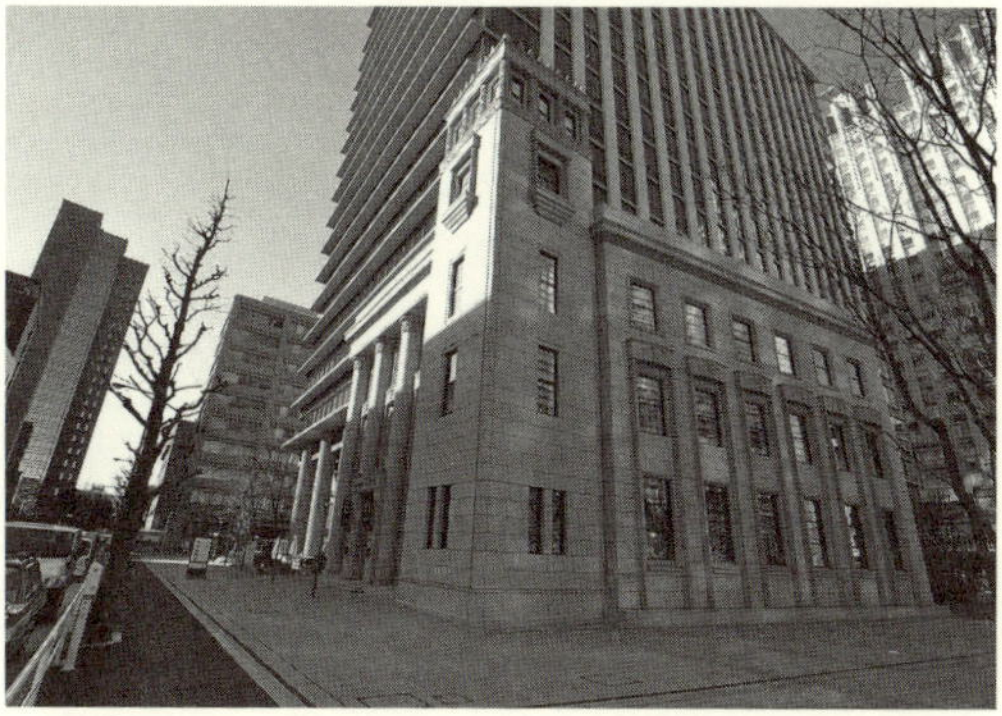

図 5-3-3　テラススクエア
旧博報堂の外壁を保存再生した再開発。現代の看板建築のようだ。

のはない。決まりきった家路の風景ですらちょっとした店の入れ替わりに気付き、あるいは季節に咲く花が目に留まったりする。「生きた風景」はそういう発掘的な楽しみを呼び起こしてくれるものだ。そしてそれがまちの歴史や背景を伝えるものだからこそ、目の前の風景がいろんな想像力を働かせてくれる。

神田にはそういった要素が、多いと感じる。それはこれまで見てきたように、都心の早い時間の流れの中、「見栄と痩せ我慢」の精神でこのまちに根付いている人々が、今も多く商いを続けているからだ。店主たちはどういうわけか本当に個性豊かな人物たちである。彼らに一度顔を覚えてもらうと、神田を歩くたびにどこかで出会い、新しいことを話してくれたり連れて行ってくれたりする。よい意味でのハプニングに溢れている。「神田に行けば何か起こる」という期待がいつもある。まちの人々が生きた風景を演出し続けている。

都心に次々と新しい人々が押し寄せている昨今、神田の「らしさ」を保つことはできるだろうか。

そのためには、一人の個人としてまちのことを考え、今ある生きた風景を通じて神田の歴史と背景を知る。集まりに顔を出して、顔を合わせて、情報やモノを交換して、そうして神田人になって共に生きた風景を演出していく側になっていくのだろう。そこには生まれがどこどこだからとか大規模な開発の担当者だからとか、そういった是非はないように感じられる。少なくとも今の神田人たちは、そのようなことは考えていない。神田人として、共に「見栄と痩せ我慢」のパブリックマインドを発揮してくれるか、そこだけを問うているように思う。それは確かに「生きた風景」の源であり、老舗を通じて発見した神田のエッセンスであると言ってよい。

第六章　おわりに

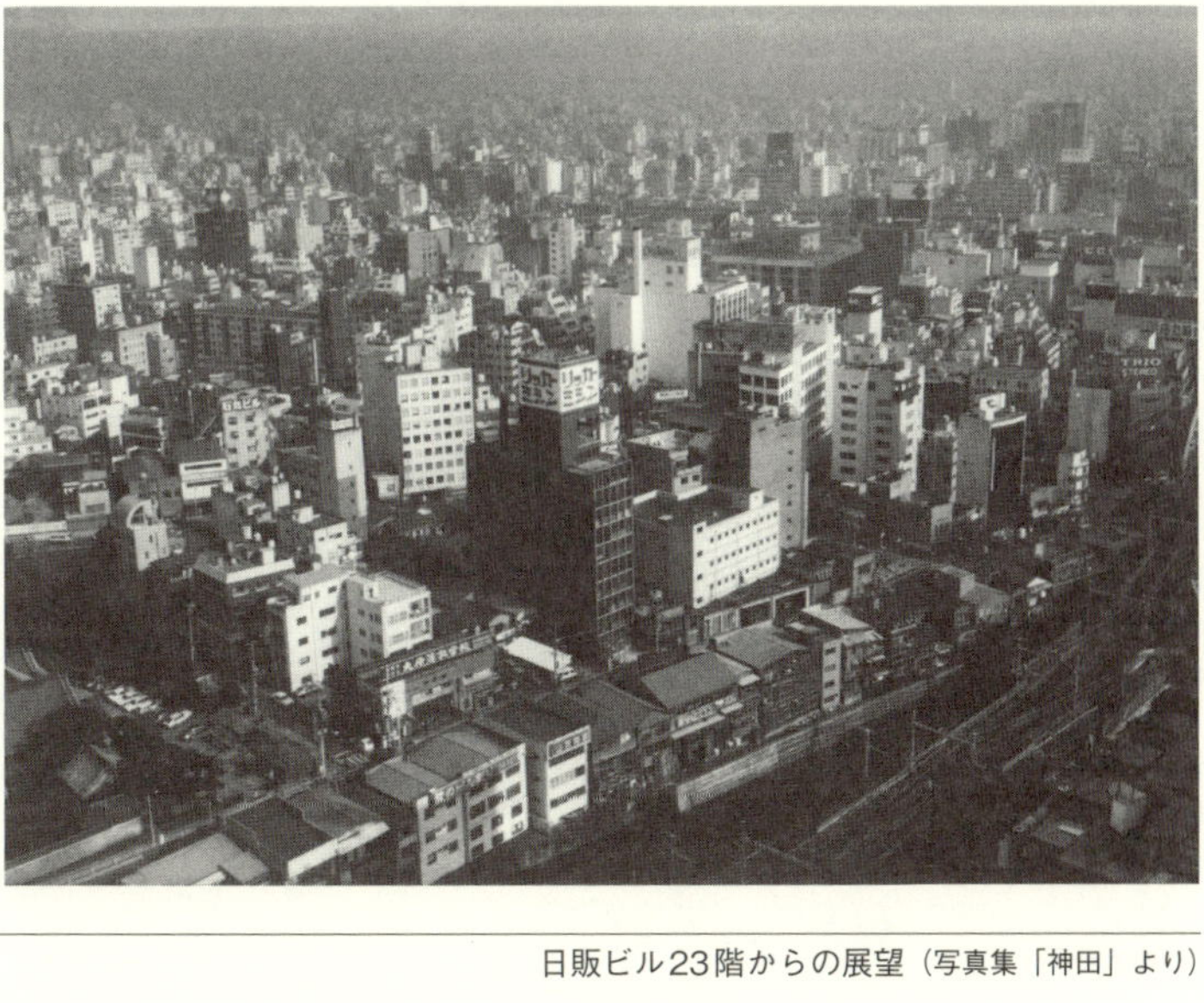

日販ビル23階からの展望（写真集「神田」より）

○ふたたび神田の百年企業を問う

「商売は地域とともに」という本書のタイトルは、久保工の久保金司さんのなにげない一言から生まれた。神田に深い愛着を持つ久保さんの言葉からは、「商売」と「地域」との切っても切れない繋がりが実感として伝わってくる。神田に数多く継続している百年企業の姿も、地域との関係を見とおすことによって、そのあり方そのものが理解できる。

ここまで本書で紹介してきた神田の百年企業のあり方も神田という地域抜きでは語ることができない。神田という地域との関係をふたたび見ることによって、なぜ神田に百年企業が多いのかという本書の冒頭の問いかけに対する現時点での回答をとりまとめておきたい。

○職人町という背景

江戸時代の神田には多くの職人町があった。職人の倫理観は商人の倫理観とは異なっている。商売を拡大し、利益を上げることを善と考える思考パターンではなく、いい仕事を継続することによってひとつの商品の価値を高めることを善と考える思考パターンが基本となっている。職人の基本は手仕事であり、大量生産をすることが不可能な手仕事をもとに考えるとそうした倫理観が理にかなっているといえる。

おそらく神田には、そのような細く長く継続することを善と考える文化の遺伝子が受け継がれているのだろう。神田に百年企業の双璧は食にかかわる老舗とものづくりにかかわる老舗であるが、いずれも職人的な技がものをいう分野である。神田に百年企業が多いひとつの理由がここにある。

震災や戦災という大災害を乗り越えて百年企業が続いてきたことの背後には、技術を基に細く長く継続してきた経営のスタイルも影響しているのではないだろうか。

そう考えると、神田でよく聞かれる「見栄」と「やせ我慢」ということばの含意も見えてくる。細く長く継続するためには高い品質を保っていなければならない。そのための苦労を「見栄」と「やせ我慢」と表現することができるように思う。

同時に「見栄」も「やせ我慢」も相手があってのことである。地域社会の信頼に足る構成員として生きていくための規範をなんとしても守るということを意味しているともいえる。神田祭の存在も地域社会の強いつながりに寄与している。

一般に、職人が造る製品は完成品になるまでに多くの工程を経なければならない。多くの職人の技が連携して、ものづくりが完結することになる。こうした作業工程のネットワークは産業のエコシステムとして、近世を通じて、神田周辺に根付いていたのだろう。まさに職人の商売は地域とともにあったのだ。

○変化を受容する懐の深さ

他方、古くから神田のまちは新しいビジネスを受容するふところの深さを持っていた。特に近代以降、志を抱いて上京してきた職人や商人を受け容れ、新しいビジネスを生み出す場所としても機能してきた。

神田は日本橋ほど敷居が高くなく、外からの新しい人材とアイディアを取り込み、変化しながら活力を維持してきた。大学町にしても印刷製本や古書店にしても、東の金物通りや西の中華街にしても、さらには近年の楽器店街やスポーツ品店街なども、明治以降に新たに生まれた業種である。神田は商売の変化を懐深く受け入れてきた地域なのである。

その背景には、町人地の地割がやや小ぶりだったために起業が比較的容易だったことや神田の西半にひろがる旧武家地が新しい変化の受け皿となることができた点などがあるだろう。

時代の変化に即応して、新しいビジネスモデルを生み出す余地を持っていたことも神田の強みのひとつである。

そしてこのことは新しい企業の進出だけでなく、在来企業の内発的な変化にもあてはまる。――地域は商売を育て、商売は地域を育ててきた。「商売は地域とともに」あったのである。

神田学会演題リスト

※掲載情報は開催時のものです。

	年月日	場所	講師	演題・内容
第1回	S62・02・07	Kubocoインテリアパーク	都市建築研究所　望月照彦氏	高資源都市・神田ルネッサンス(再生に向けて)
第2回	S62・04・25	Kubocoインテリアパーク	都市建築研究所　望月照彦氏	座談会 「KANDAルネッサンス　街づくり　神田川祭」
第3回	S62・06・17	Kubocoインテリアパーク	㈱ヴィクトリア　会長　萩野禎武氏	街と遊びについて
第4回	S62・07・28	Kubocoインテリアパーク	角田無線電気㈱　社長　角田光永氏	秋葉原の再開発
第5回	S62・10・19	Kubocoインテリアパーク	法政大学　教授　河原一郎氏	千代田区の街づくり未来構想
第6回	S62・11・26	Kubocoインテリアパーク	千代田区地価調査　評価委員幹事 野田保氏	神田の地価問題について
第7回	S63・01・27	Kubocoインテリアパーク	㈱早川正代表取締役　早川正一氏	街づくり提案・海外成功実例(ビデオ) ―ミッドタウンの都心再開発
第8回	S63・03・22	都民B．Kホール	烏山駅商店街 振興会副理事長　桑島俊彦氏	公開講座　儲け倍増の商店街づくり
第9回	S63・04・26	Kubocoインテリアパーク	三菱地所㈱　社長室付部長　谷口丞氏	丸の内再開発―マンハッタン化
第10回	S63・05・25	Kubocoインテリアパーク	評論家　伊東孝氏	万世橋・日本橋を中心とした橋詰広場と街づくり
第11回	S63・06・20	ホテルニュー神田	NHK特報部　大貫康雄氏	世界の街づくりについて
第12回	S63・09・22	カザルスホール	草柳大蔵氏、望月照彦氏ほか てい談	公開講座「街づくりフォーラム」
第13回	S63・10・18	千代田印刷会館	㈱日本コンサルタントグループ　都市開 発研究室　コーディネーター　松本豊氏	市街地の整備とその手法
第14回	S63・11・21	千代田印刷会館	法政大学工学部　建築学科 助教授　陣内秀信氏	アジア・イスラム都市の魅力
第15回	H1・02・28	Kubocoクボビル	東日本旅客鉄道㈱開発事業本部 石綿斌氏	お茶の水駅再開発について

第16回	H1・04・06	Kubocoクボビル	明治大学 教授　理工学博士　江波戸昭氏	地図から見る神田の歴史と変遷
第17回	H1・05・18	Kubocoクボビル	神田明神　氏子総代　遠藤達蔵氏	神田の街づくりの歴史とその発展について
第18回	H1・06・21	Kubocoクボビル		座談会「私達の街・駿河台を考える」
第19回	H1・07・18	Kubocoクボビル	日本大学　理工学部　教授　小嶋勝衛氏	都市空間の立体的利用
第20回	H1・04・06	Kubocoクボビル	P3代表　環境計画家　芹沢高志氏	生き物としての都市 ―自己組織とSelf Help(自助)
第21回	H1・10・26	Kubocoクボビル	東京ヒューマンライブラリーセンター 代表　江幡洸一郎氏	イベントプロデューサーが語る 大倉山西口商店街の町おこし
第22回	H1・11・21	Kubocoクボビル	㈱早川正　代表取締役　早川正一氏	欧州の街づくりの現況とわが街神田
第23回	H2・02・20	Kubocoクボビル	防災都市計画研究所　代表　木村拓郎氏	都市防災の現状について
第24回	H2・03・28	Kubocoクボビル	㈱八木書店　社長　八木壮一氏	神保町古書店街は今
第25回	H2・04・26	Kubocoクボビル	神田明神　氏子総代　遠藤達蔵氏	私達の「神田祭」の成り立ちについて
第26回	H2・05・21	Kubocoクボビル	千代田区役所　部長　望月章司氏	都市整備部神田地区における再開発プロジェクト
第27回	H2・06・26	Kubocoクボビル	共同組合神田専門店会 理事長　目崎隆司氏	神田の商店街の活性化
第28回	H2・07・30	ホテルニュー神田	浮世絵　蒐収家　酒井藤吉氏	浮世絵を通して見た世界と日本 (パレットルームにてミニパーティ)
第29回	H2・09・21	Kubocoクボビル	日本オペレッタ協会　会長　寺崎裕則氏	文化は心の福祉
第30回	H2・10・23	お茶の水スクエア	㈱主婦の友社 開発事業室長　村松邦彦氏	お茶の水を音楽の街に (レストランクレフにて夕食)
第31回	H2・11・26	Kubocoクボビル	日本電信電話㈱ 東京千代田支店長　柏木英夫氏	電気通信その未来
第32回	H3・02・21	Kubocoクボビル	東京電機大学　教授　藤中正治氏	排気ガスのない街づくりのために ソーラーエネルギーのすべて
第33回	H3・03・27	Kubocoクボビル	神保町1丁目南部地区再開発準備組合 理事長　田村要氏	共栄の実現を自らの手で
第34回	H3・04・23	Kubocoクボビル	㈱山下設計　企画管理室 取締役　伊東敏雄氏	・夕食会　神田考未来学序説

第35回	H3・05・22	ぼたん	鳥鍋「ぼたん」　鉱物博士　櫻井欽一氏	・夕食会　連雀町の歴史と世界の石
第36回	H3・06・27	Kubocoクボビル	日本航空㈱ 総務部　課長　小原崇志氏	1. JALについて　2. アメリカにおける現地社員の人事・労務管理について
第37回	H3・07・25	Kubocoクボビル	NHKエンタープライズハイビジョン本部プロデューサー　大貫康雄氏	情報化時代における国際関係・技術革新がもたらす世界の革新（ビアパーティ）
第38回	H3・09・26	Kubocoクボビル	NHKサービスセンター理事　ソフト広報センター長　石澤清史氏	リサイクル社会への道
第39回	H3・10・30	Kubocoクボビル	東京都神田清掃事務所長　萩原まき子氏	神田のゴミ事情
第40回	H3・11・21	Kubocoクボビル	明治大学　経営学部　教授　横田澄司氏	明治大学の再開発
第41回	H3・12・17	オペレッタサロン		忘年会
第42回	H4・02・19	Kubocoクボビル	建設省　河川総務課　課長　木下博夫氏	京都の街づくり
第43回	H4・03・21	Kubocoクボビル	日本大学　人口研究所　河邊　宏氏	人口から見た東京千代田の過去・現在・未来
第44回	H4・04・21	Kubocoクボビル	都市史研究家　鈴木理生氏	都市計画から見た神田
第45回	H4・05・26	Kubocoクボビル	日本エッセイストクラブ理事長　村尾清一氏	江戸しぐさ
第46回	H4・06・30	Kubocoクボビル	杏林大学　教授　唐沢和義氏	コミュニティづくり
第47回	H4・07・20	淡路町サニービル	野毛地区街づくり会　大道芸実行委員　福田　豊氏	大道芸がやってきた・野毛地区での街づくり／納涼会（ビアパーティ）
第48回	H4・09・24	Kubocoクボビル	ソーラーシステム研究グループ代表　村瀬誠氏	都市の水循環
第49回	H4・10・26	Kubocoクボビル	長崎オランダ村　東京本部副本部長　渋沢寿一氏	長崎オランダ村構想の現況と今後
第50回	H4・11・25	お茶の水スクエアルーム6		第50回　記念パーティ
第51回	H5・02・26	Kubocoクボビル	聖学院大学　教授　佐々木信夫氏	知られざる都庁の内側
第52回	H5・03・23	Kubocoクボビル	専修大学　経営学部　教授　工藤達男氏	不況下の中での町の活性化
第53回	H5・04・23	Kubocoクボビル	地震対策研究会　三井ホーム㈱　山本久雄氏	大地震対策

第54回	H5・05・21	Kubocoクボビル	㈱大林組 常務取締役 溝畑直利氏	街づくり手法の決まり方
第55回	H5・06・22	Kubocoクボビル	公共の色彩を考える会 田村美幸氏	都市の色
第56回	H5・07・21	Kubocoクボビル	専修大学 文学部社会学科 教授 広田康生氏	都市と学校(統廃合の諸問題)
第57回	H5・09・29	Kubocoクボビル	㈱清水金物商店 専務取締役 島田憲一氏	街の活性化・「みやのかわナイトバザール」
第58回	H5・10・29	Kubocoクボビル	千代田区役所 福祉部部長 瀧見浩之氏	高齢化社会を考える
第59回	H5・11・29	Kubocoクボビル	世田谷まちづくりセンター 部長 卯月盛夫氏	住民・企業・行政の三位一体による街づくり
第60回	H6・02・25	Kubocoクボビル	「六住会」 世話役代表 上田浩明氏	六番町で生まれた街づくり運動
第61回	H6・03・28	Kubocoクボビル	関東学生都市会議スタッフ	東京大学「勤労者を取り込んだコミュニティ」 慶應大学「神田との対話」 東工大「ヒュージョン・パーチ」の誕生
第62回	H6・04・26	Kubocoクボビル	神田神社 清水祥彦氏	神田祭の過去・現在・未来
第63回	H6・05・24	Kubocoクボビル	㈱フォレスト 代表取締役 茂木盛雄氏	私の町、飯田橋の町おこし
第64回	H6・06・18	神田キリスト教会	東京家政大学 教授 樋口恵子氏	文化講演会「新しい家庭像と地域社会」 ~国際家族年にかけて
第65回	H6・07・19	淡路町サニービル ハーモニーホール	(有)アトリエP 代表 池上修一氏	真鶴町まちづくり条例・美の基準が出来るまで ビアパーティ
第66回	H6・09・27	淡路町サニービル ハーモニーホール	銀実会前理事長 銀座梅林 渋谷昌也氏	都市から街が消えて行く 土地税制・相続税にイエローカード!
第67回	H6・10・24	淡路町サニービル ハーモニーホール	神田消防署 署長 亀井宏氏	消防署の一日・都心の防災対策
第68回	H6・11・14	淡路町サニービル ハーモニーホール	千代田区役所 住宅都市整備部部長 千葉頁義氏	都心居住について
第69回	H7・02・21	淡路町サニービル ハーモニーホール	明治大学 学長 岡野加穂留氏	明大通りの明日

第70回	H7・03・23	淡路町サニービル ハーモニーホール	宮脇檀建築研究所　宮脇檀氏	都心居住のすすめ
第71回	H7・04・20	淡路町サニービル ハーモニーホール	建設省　住宅局市街地建築課 課長　岡本圭司氏	都心居住について
第72回	H7・05・23	淡路町サニービル ハーモニーホール	㈱ランドスケープアーキテクト 代表　望月昭氏	都市に緑を！
第73回	H7・06・23	淡路町サニービル ハーモニーホール	鍛冶町1丁目　前会長　今越栄左氏	古老に聞く・神田で体験した関東大震災
第74回	H7・07・18	淡路町サニービル ハーモニーホール	㈶市民防災研究所スタッフ	避難学入門／ビアパーティ
第75回	H7・09・21	淡路町サニービル ハーモニーホール	流通産業研究所 調査部　研究員　大河原治氏	商店街を街づくりの核に
第76回	H7・10・25	淡路町サニービル ハーモニーホール	東日本旅客鉄道㈱ 駅長　矢沢昌彦氏	神田駅最新・神田駅事情と街づくり
第77回	H7・11・21	淡路町サニービル ハーモニーホール	横浜国立大学　建築学科 助教授　大方潤一郎氏	神田の街の再生と都心居住
第78回	H8・02・27	淡路町サニービル ハーモニーホール	神田警察署　署長　上神正治氏	地域社会と警察の関わり
第79回	H8・03・21	淡路町サニービル ハーモニーホール	日本開発銀行　検査部長　瀧口勝行氏	開発と保存～ヨーロッパの町並みを中心に
第80回	H8・04・23	淡路町サニービル ハーモニーホール	新日本証券㈱　東京支店　加賀昭人氏	NPO（民間非営利団体）・最前線
第81回	H8・05・29	淡路町サニービル ハーモニーホール	東京電機大学　教授　八木澤壯一氏	火葬場と墓場から見た都市のあり方
第82回	H8・06・26	淡路町サニービル ハーモニーホール	秋葉原街づくり推進連合 会長　山中富太郎氏	秋葉原再開発計画の現状と今後
第83回	H8・07・25	淡路町サニービル ハーモニーホール	神田消防署　署長　曽田松示氏	防災対策について

第84回	H8・09・24	淡路町サニービル ハーモニーホール	東京都市史研究所　鈴木理生氏	神田の町の成り立ち
第85回	H8・10・16	淡路町サニービル ハーモニーホール	文部省学術情報センター 副所長　井上 如氏	学術情報センターの役割
第86回	H8・11・26	淡路町サニービル ハーモニーホール	藪蕎麦四代目／NPO神田学会理事 堀田康彦氏	街づくり協議会について
第87回	H9・02・24	淡路町サニービル ハーモニーホール	株式会社文秀堂　社長　三枝敏男氏	街づくり協議会をとおして思うこと
第88回	H9・03・27	淡路町サニービル ハーモニーホール	株式会社資生堂　顧問理事　有田英生氏	銀座の街づくり40年
第89回	H9・04・18	淡路町サニービル ハーモニーホール	帰宅難民の会　代表　吉武正一氏・服部信行氏	我が家の危機管理阪神大震災に学ぶ住まいの危機管理
第90回	H9・05・29	淡路町サニービル ハーモニーホール	東京大学　教授　西村幸夫氏	千代田区の景観形成政策と神田
第91回	H9・06・19	淡路町サニービル ハーモニーホール	東京工業大学　教授　渡辺貴介氏	江戸のまちづくりから今の(都市)神田を考える
第92回	H9・07・23	淡路町サニービル ハーモニーホール		ビア・パーティ
第93回	H9・09・19	淡路町サニービル ハーモニーホール	共立女子大学　助教授　青木英明氏・三鷹市役所　職員	住民主体の道づくり
第94回	H9・10・29	タカノ㈱	ホールハープ奏者　西村光世氏	コンサート・講演会「音楽と学ぶまちづくり」
第95回	H9・11・18	淡路町サニービル ハーモニーホール	神田消防署　署長　櫻岡正規氏	神田地区の安全性は?
第96回	H10・02・24	淡路町サニービル ハーモニーホール	神戸市都市計画局　計画部アーバンデザイン室　河野泰則氏	神戸のまちづくりの現状
第97回	H10・03・27	淡路町サニービル ハーモニーホール	森崎建築設計事務所　森崎輝行氏	コムスティ・神戸の地域復興事例
第98回	H10・04・24	淡路町サニービル ハーモニーホール	千代田区役所　都市開発部部長　瀧見浩之氏	都市計画マスタープランの発表ならびに実践街づくりの手法紹介

第99回	H10・05・21	淡路町サニービル ハーモニーホール	横浜国立大学 建築学科都市計画研究室 工学博士 小林重敬氏	都市部再構築と都心居住について
第100回	H10・06・02	三井海上火災保険大会議室	経済キャスター 西村晃氏	100回記念 特別公開講座「売れるヒント教えます」
第101回	H10・07・14	神田さくら館		神田学会100回記念パーティ
第102回	H10・10・28	淡路町サニービル ハーモニーホール	早稲田商店会 会長 安井潤一郎氏	「商店会活動とまちづくり」
第103回	H11・01・26	淡路町サニービル ハーモニーホール	ライフスタイルプロデューサー 浜野安宏氏	「自分一人からの出発・神田游談PARTⅠ」
第104回	H11・02・23	淡路町サニービル ハーモニーホール	㈱山下設計 伊東敏雄氏	「千代田区スーパーメディアシティ構想」
第105回	H11・04・27	淡路町サニービル ハーモニーホール	デジタルハリウッド学校長 杉山知之氏	「情報都市 千代田」
第106回	H11・07・22	淡路町サニービル ハーモニーホール	毎日新聞社 航空部長 竹田令二氏	「チンチン電車が街を救う」
第107回	H11・09・03	淡路町サニービル ハーモニーホール	東京農業大学 学長 進士五十八氏	「これからの街づくりの目標」エコシティ化から風景デザインまで
第108回	H11・11・25	淡路町サニービル ハーモニーホール	住友リスク総合研究所 調査第一部 主任研究員 小林誠氏	「危機管理～大地震対策とY2K対策」
第109回	H12・02・15	淡路町サニービル ハーモニーホール	三菱地所㈱丸の内開発企画部長兼都市計画事業室長 長島俊夫氏	「世界都市東京、21世紀を目指して」〈丸の内再開発と丸ビル計画等について〉
第110回	H12・06・07	淡路町サニービル ハーモニーホール	作家 逢坂剛氏	「私と神田」
第111回	H12・07・25	淡路町サニービル ハーモニーホール	サントリー㈱ 常勤監査役 友松康夫氏	「IT革命と地域の発展」
第112回	H12・10・13	淡路町サニービル ハーモニーホール	山下設計㈱ 専務取締役 伊東敏雄氏	「懊悩する都市」パラダイス・シンドローム 中心市街地活性化の為の新しい戦略手法としてのIT街づくり
第113回	H13・02・21	淡路町サニービル ハーモニーホール	都市基盤整備公団 理事 小澤一郎氏	「これからの街づくりと、まちなか観光」

第114回	H13・04・24	淡路町サニービル ハーモニーホール	早稲田大学教授　卯月盛夫氏 事例発表　笹島久子氏	「千代田まちづくりサポート事業の意義と可能性」
第115回	H13・06・28	淡路町サニービル ハーモニーホール	早稲田大学　教授 慶應義塾大学大学院客員教授　伊藤滋氏	「東京都心部の将来像」
第116回	H13・09・20	淡路町サニービル ハーモニーホール	東京都地下鉄建設㈱　総務本部参事　石村誠人氏	「駅デザインとパブリックアート～21世紀の地下鉄建設をめざして」
	H13・11・27	総評会館	福澤　武(三菱地所㈱取締役会長)、坂本恒夫(明治大学教授)、国友綾子(麹町在住)、堀田康彦(藪蕎麦四代目／NPO神田学会理事)、司会:高山　肇(千代田区議会議員)	NPO法人神田学会設立記念シンポジウム開催 パネルディスカッション「21世紀のコミュニティのあり方～千代田の粋と絆」　基調講演：望月照彦(多摩大学教授／NPO神田学会理事長)
第117回	H14・01・22	淡路町サニービル ハーモニーホール	多摩大学教授　望月照彦(NPO神田学会理事長)	「神田学会の21世紀～　街を愛し、街に学び、街を創る」
第118回	H14・03・13	淡路町サニービル ハーモニーホール	高山肇(千代田区議会議員)　堀田康彦(藪蕎麦四代目／NPO神田学会理事)	「現代版江戸暮らしのすすめ」
第119回	H14・07・18	淡路町サニービル ハーモニーホール	横堀肇(都市基盤整備公団研究役)　大國道夫(三菱地所㈱都市計画事業室長／NPO神田学会理事)	「丸の内と神田～明海大学学生諸君の意見紹介を含めて」
第120回	H14・10・22	淡路町サニービル ハーモニーホール	伊東敏雄(建築家・都市計画家／NPO神田学会理事)	「複雑系としての千代田区」
第121回	H15・01・31	淡路町サニービル ハーモニーホール	北澤猛氏(東京大学教授) 三舩氏(㈱エコプラン代表、歴史・文化のまちづくり研究会代表)	「容積率移転と景観」
第122回	H15・04・21	千代田区中小企業センター	吉田太郎氏(東京都産業労働局農林水産部)	「キューバにみる都市農業」
第123回	H15・07・24	明治大学大学会館 父母センター会議室	江戸川大学　社会学部経営社会学会　助教授　大内田鶴子氏	「神保町の地域力」
第124回	H15・10・22	内神田サニービル ハーモニーホール	フランス大使館政治部一等書記官　フィエスキ・ファビアン氏	「東京が江戸となる日」

第125回	H16・01・27	内神田サニービル ハーモニーホール	東京大学大学院助教授　北澤猛氏 ㈱エコプラン　代表　三船康道氏	「神田の歴史的建造物」
第126回	H16・04・26	内神田サニービル ハーモニーホール	明治大学理工学部建築学科2年 小泉スタジオ　小泉浩隆氏＋中西隆紀氏	「神田の魅力を掘り起こす～交通博物館跡地の再生計画」
第127回	H16・07・08	内神田サニービル ハーモニーホール	立正大学名誉教授　北原進氏	「江戸の庶民の生活と文化～斉藤月岑生誕200年記念」
第128回	H16・10・28	内神田サニービル ハーモニーホール	NHKスペシャル番組センター エグゼクティブプロデューサー 大貫康雄氏	「ヨーロッパの都市生活事情～ロンドンに住んでみて」
第129回	H17・02・09	内神田サニービル ハーモニーホール	園芸家　柳宗民氏 ※講師体調不良のため中止	「江戸のガーデニング」
第130回	H17・04・21	明治大学 アカデミーコモン2階	俳人　中原道夫氏	「俳句から見る〝変わらない神田の風景〟」
第131回	H17・07・06	内神田サニービル ハーモニーホール	東京藝術大学副学長　宮田亮平氏	「鉄は犬、銅は猫」
第132回	H17・10・18	内神田サニービル ハーモニーホール	こどもを守る電脳まちづくりプロジェクトメンバー 鈴木齊氏+中村宗敬氏+矢口美智子氏	「こどもを守る電脳まちづくりプロジェクト」
第133回	H18・02・02	内神田サニービル ハーモニーホール	江戸の良さをみなおす会代表 和城伊勢氏	「今、なぜ江戸なのか」
第134回	H18・04・18	内神田サニービル ハーモニーホール	NPO屋上開発研究会　今野英山氏	「神田緑の大回廊」の提案
第135回	H18・10・06	内神田サニービル ハーモニーホール	文芸評論家　小川和佑氏	「文化と学問の街　神田」
第136回	H19・04・16	内神田サニービル ハーモニーホール	陣内秀信氏（法政大学教授）×西村幸夫氏（東京大学教授）	都心トーク①対談「これからの東京―魅力的な都心のあり方とは―」
第137回	H19・07・26	内神田サニービル ハーモニーホール	吉見俊哉氏（東京大学教授）×西村幸夫氏（東京大学教授）	都心トーク②「都市を読み解く―東京が内包する西洋・アメリカ―」

第138回	H19・11・08	新丸ビル10階	長島俊夫氏(㈱三菱地所代表取締役専務執行役員)エコッツェリア×西村幸夫氏(東京大学教授)	都心トーク③「東京都心の開発と環境共生型街づくりへの取り組み」
第139回	H20・02・28	内神田サニービル ハーモニーホール	森川嘉一郎氏(明治大学准教授)×西村幸夫氏(東京大学教授)	都心トーク④「おたく文化と秋葉原」
第140回	H20・06・19	内神田サニービル ハーモニーホール	田中傑氏(芝浦工業大学大学院ポストドクター研究員)×西村幸夫氏(東京大学教授)	都心トーク⑤「近代神田のまちなみ―絵葉書と古地図による時間旅行」
第141回	H20・09・18	内神田サニービル ハーモニーホール	妹尾堅一郎氏(東京大学特任教授、NPO産学連携推進機構理事長)×西村幸夫氏(東京大学教授)	都心トーク⑥「ビル栄え、街いっそう栄えるまちづくり―アキバ再開発プロデュースの考え方」
第142回	H21・01・22	内神田サニービル ハーモニーホール	石川幹子氏(東京大学大学院教授)×西村幸夫氏(東京大学教授)	都心トーク⑦「自然と共生する都市～都心における大きな可能性～」
第143回	H21・07・09	内神田サニービル ハーモニーホール	清水祥彦氏(神田神社禰宜)×西村幸夫氏(東京大学教授)	都心トーク⑧「神田祭の現在・過去・未来～都市における祭礼の役割～」
第144回	H22・02・12	内神田サニービル ハーモニーホール	小藤田正夫氏(市井人・斎藤月岑に学ぶ会：書役)×西村幸夫氏(東京大学教授)	都心トーク⑨「神田駅誕生と町並みの変遷」
第145回	H22・07・27	内神田サニービル ハーモニーホール	堀田康彦氏(藪蕎麦四代目／NPO神田学会理事)×西村幸夫氏(東京大学教授)	都心トーク⑩「神田再生」(神田で進行中の三つの再開発について)
第146回	H23・02・28	内神田サニービル ハーモニーホール	和田博幸氏(日本花の会主任研究員・樹木医)×西村幸夫氏(東京大学教授)	都心トーク⑪「江戸を受け継ぐ、桜のあるまちづくり」
第147回	H23・07・21	内神田サニービル ハーモニーホール	清水義次氏(建築・都市・地域再生プロデューサー)×西村幸夫氏(東京大学教授)	都心トーク⑫「自立するまちづくり～現代版家守の活動を通して分かったこと～」
第148回	H24・03・05	内神田サニービル ハーモニーホール	尾登誠一氏(東京藝術大学美術学部デザイン科教授)×西村幸夫氏(東京大学教授)	都心トーク⑬「環境色彩センス」
第149回	H24・07・25	内神田サニービル ハーモニーホール	小林重敬氏(東京都市大学教授)×西村幸夫氏(東京大学教授)	都心トーク⑭「大都市都心部において既成市街地を含む2タイプのエリアマネジメント・エリアマネジメント(神田淡路町地区)とエリア・ネットワーク・マネジメント(神田錦町地区)―」

第150回	H25・04・20	WATERRASコモンホール	西村幸夫氏（東京大学教授）	都心トーク⑮「ようこそ神田へ～町づくりの視点から～」
第151回	H25・09・10	ステーションコンファレンス万世橋302会議室	宇津善行氏（宇津救命丸㈱ 専務取締役一九代目）×吉村俊之氏（㈱豊島屋本店 代表取締役社長一六代目）×纐纈公夫氏（大屋書房 代表取締役三代目）×西村幸夫氏（東京大学教授）	都心トーク⑯「神田百年企業―老舗三社合計964年の歴史と智慧を語る」
第152回	H26・02・25	御茶ノ水ソラシティカンファレンスセンターテラスルーム	小山雅司氏（㈱小山弓具 会長 八代目）×齋藤彰氏（㈱玉川堂《ぎょくせんどう》 社長 七代目）×渡邊喜雄氏（㈱カインドウェア 代表取締役会長 四代目）×西村幸夫氏（東京大学教授）	都心トーク⑰「神田百年企業2―老舗が語る歴史と心懸け」
第153回	H26・07・03	興産信用金庫　本店	堀田康彦氏（かんだやぶそば 代表取締役）×澤田清子氏（㈱伊勢半 代表取締役社長）×藤井隆太氏（㈱龍角散 代表取締役社長）×西村幸夫氏（東京大学教授）	東京商工会議所千代田支部連携、興産信用金庫協力「千代田区百年企業・江戸ゆかりの商品を未来へつなぐ老舗三社の智慧を語る」
第154回	H27・02・09	WATERRASコモンホール	大橋信夫氏（㈱東京堂 代表取締役会長兼社長 八代目）×竹尾稠氏（㈱竹尾 代表取締役社長 五代目）×中島彰良氏（㈱リーテム 代表取締役CEO 五代目）×西村幸夫氏（東京大学教授）	都心トーク⑲「神田百年企業3―時代を超えて生き続ける老舗の心懸け」
第155回	H27・07・16	興産信用金庫	久保金司氏（NPO法人神田学会 理事）×西村幸夫氏（東京大学教授）	都心トーク⑳「企業は地域とともに-久保工と神田学会のあゆみ-」
第156回	H27・11・04	ステーションコンファレンス万世橋302会議室	村上和夫氏（㈱オーム社 代表取締役社長 一二代目）×高山肇氏（合資会社高山本店 代表 四代目）×江草貞治氏（㈱有斐閣 代表取締役社長 六代目）×西村幸夫氏（東京大学教授）	都心トーク㉑「神田百年企業4・本のまち、神田―その歴史と想いを語る」

第157回	H28・02・26	ステーションコンファレンス万世橋302会議室	岡本哲志氏（法政大学教授）×木下栄三氏（画家・建築家）×清水祥彦氏（神田神社）×八木壯一氏（㈱八木書店）×西村幸夫氏（東京大学教授）	都心トーク㉒「論客がそれぞれ独自の観点から語る神田」
第158回	H28・07・12	明治大学リバティータワー1093教室	鳥居高氏（明治大学教授・明治大学地域連携推進センター長）×傅健興氏（新世界菜館・咸亨酒店　代表取締役）×和田康一氏（漢陽楼　代表取締役　総料理長　四代目）×西村幸夫氏（東京大学教授）	都心トーク㉓「周恩来ら中国人留学生が愛したまち、日中友好の中心地、神保町中華街を語る」
第159回	H29・02・23	ステーションコンファレンス万世橋405会議室	亀井忠雄氏（㈱三省堂書店　代表取締役社長　四代目）×藤井城氏（博善㈱　代表取締役社長　六代目）×江草貞治氏（㈱有斐閣　代表取締役社長　六代目）×西村幸夫氏（東京大学教授）	都心トーク㉔「神田百年企業5——多彩な老舗の経営戦略と将来展」

のれん三代記リスト

	企業名	話し手	記事公開日	文章
第1回	かんだやぶそば	4代目　堀田康彦	2005年8月1日	亀井紀人
第2回	株式会社龍角散	5代目 藤井隆太	2005年11月17日	亀井紀人
第3回	株式会社龍名館	4代目　浜田章男	2006年1月27日	亀井紀人
第4回	高山本店	4代目　高山 肇	2011年4月5日	亀井紀人
第5回	洋菓子 松屋	7代目　西井伸樹	2011年5月17日	亀井紀人
第6回	株式会社山形屋紙店	3代目 穣夫人・田記この子	2011年6月7日	亀井紀人
第7回	有限会社ヤマモト鞄店＊	4代目　山本保	2011年8月5日	亀井紀人
第8回	有限会社三河屋綾部商店	14代目　綾部良司	2011年8月11日	亀井紀人
第9回	株式会社豊島屋本店	15代目　吉村隆之	2011年10月17日	亀井紀人
第10回	大木製薬株式会社	17代目 松井秀正	2011年12月28日	亀井紀人
第11回	福井自動車株式会社	5代目 福井忠雄	2012年2月22日	亀井紀人
第12回	笹巻けぬきすし総本店	12代目　宇田川洋子	2012年4月5日	亀井紀人
第13回	株式会社檜書店	5代目　椙杜久子（檜久子）	2012年5月2日	亀井紀人
第14回	株式会社紀伊国屋漢薬局	13代目　田中禮子	2012年6月8日	亀井紀人
第15回	大屋書房	3代目　纐纈公夫	2012年7月5日	亀井紀人
第16回	越後屋	3代目　石川義昭	2012年7月18日	亀井紀人
第17回	宇津救命丸株式会社	18代目　宇津善博氏	2012年8月8日	亀井紀人
第18回	神田錦町更科	4代目　堀井市朗	2012年9月11日	亀井紀人
第19回	名倉クリニック	7代目　名倉静	2012年11月6日	亀井紀人
第20回	株式会社 いろは＊	4代目　目崎 裕隆	2012年12月10日	亀井紀人
第21回	株式会社三秀舎	7代目　山岸 眞純	2013年1月17日	亀井紀人
第22回	タカサゴ	11代目　熊谷晃一	2013年3月6日	亀井紀人
第23回	廣瀬ビルディング株式会社	3代目　廣瀬元夫	2013年4月9日	亀井紀人
第24回	株式会社新進	4代目　籠島正直	2013年4月24日	亀井紀人
第25回	株式会社小山弓具	8代目 小山雅司	2013年6月13日	亀井紀人
第26回	揚子江菜館	4代目　沈松偉	2013年7月22日	亀井紀人
第27回	有限会社鈴木太兵衛商店	3代目妻　鈴木壽子	2013年8月13日	亀井紀人
第28回	株式会社花慶	5代目　安原俊一	2013年9月20日	亀井紀人
第29回	株式会社箸勝本店	4代目　山本權之兵衛	2013年10月9日	亀井紀人
第30回	株式会社カインドウェア	4代目　渡邊喜雄	2013年12月12日	亀井紀人
第31回	株式会社玉川堂	7代目　齋藤彰	2014年1月24日	亀井紀人
第32回	株式会社栃木屋	3代目　栃木一夫	2014年2月13日	竹田令二
第33回	株式会社淡平	5代目　鈴木敬	2014年2月19日	伊藤聡子
第34回	三松堂株式会社	3代目　矢部一憲、4代目　真太郎	2014年3月10日	竹田令二
第35回	神田川本店	11代目　神田茂	2014年3月27日	伊藤聡子
第36回	山崎金属産業株式会社	5代目　山崎洋一郎	2014年4月4日	竹田令二
第37回	株式会社有斐閣	5代目　江草忠敬、6代目　貞治	2014年4月30日	竹田令二
第38回	株式会社伊勢半	社長　澤田晴子	2014年6月27日	竹田令二
第39回	株式会社東京堂	8代目　大橋信夫	2014年7月9日	竹田令二
第40回	構雄造商店＊	2代目　構常雄	2014年7月28日	伊藤聡子
第41回	株式会社竹尾	5代目　竹尾稠	2014年9月22日	竹田令二
第42回	株式会社リーテム	5代目　中島彰良	2014年10月15日	竹田令二
第43回	キハラ株式会社	2代目　木原祐輔	2015年9月24日	竹田令二
第44回	株式会社オーム社	12代目　村上和夫	2016年9月29日	竹田令二
第45回	漢陽楼	4代目　和田 康一	2016年12月12日	竹田令二
第46回	博善株式会社	6代目　藤井城	2017年2月16日	竹田令二
第47回	株式会社三省堂書店	4代目　亀井忠雄	2017年5月8日	竹田令二

＊印のついた企業は閉店しています。

執筆者プロフィール

西村幸夫（にしむら・ゆきお）…… 第一章、第六章

1952年福岡県生まれ。東京大学工学部都市工学科卒業、同大学院修了。明治大学助手、東京大学助教授を経て、現在東京大学大学院工学系研究科都市工学専攻教授。NPO法人神田学会理事長。著書に『都市保全計画』（東京大学出版会）、『環境保全と景観創造』『西村幸夫風景論ノート』『西村幸夫都市論ノート』（以上、鹿島出版会）、『町並みまちづくり物語』（古今書院）など。編著に『都市の風景計画』『日本の風景計画』『都市美』『路地からのまちづくり』『証言・まちづくり』『証言・町並み保存』『風景の思想』『図説 都市空間の構想力』（以上、学芸出版社）、『まちづくりを学ぶ』（有斐閣）、『まちの見方・調べ方』『まちづくり学』（以上、朝倉書店）など。

中島　伸（なかじま・しん）…… 第二章、第三章、第四章

1980年東京都生まれ。筑波大学第三学群社会工学類卒業、東京大学工学系研究科都市工学専攻博士課程修了。練馬まちづくりセンター専門研究員、東京大学大学院工学系研究科助教を経て、現在、東京都市大学都市生活学部専任講師。主な著作に『図説 都市空間の構想力』（学芸出版社）など。

永野真義（ながの・まさよし）…… 第五章

1986年大阪府生まれ。一級建築士。東京大学工学部都市工学科卒業、同大学院工学系研究科都市工学専攻修了。株式会社日本設計 建築設計群を経て、現在、東京大学大学院工学系研究科都市工学専攻特別助教。

東京大学 都市デザイン研究室神田プロジェクト参加者一覧※

教　　授：西村幸夫
准 教 授：窪田亜矢
助　　教：中島伸、永野真義
博士課程：諸隈紅花
修士課程：羽野明帆、今川高嶺、大鶴啓介、柄澤薫冬、渋谷政秀、
　　　　　チャールズ・ラウ、黒本剛史、王誠凱、濵田愛、小林里瑳、
　　　　　中村慎吾、松田季詩子、森田暁

※プロジェクトでの調査結果の情報や図版を本書の執筆にあたって活用した。
※職位などは当時のもの。

編者紹介

NPO 法人神田学会

株式会社久保工が行ってきた地域活動を母体とし、2001年にＮＰＯ法人として設立。これまで行ってきた情報提供（1987年誕生の勉強会「神田学会」の開催）、文化発信（1977年創刊のタウン誌発行活動）を引き継ぎ、新たに環境保全（都市の環境保全についての意識向上）を加えた三本柱で、多方面のまちづくり活動に啓蒙的役割を果たす。活動を通して変わりゆく街を見つめ、地域の方々と共に、より調和のとれた住みやすい街づくりについて考えていく。

東京大学 都市デザイン研究室

東京大学大学院工学系研究科都市工学専攻都市計画コースの研究室のひとつ。都市の過去と将来を見据えながら、地域の個性や資源を活かす持続可能なまちづくりの方法、都市デザイン論を探求している。様々な人々との関わりや地域の現場における活動を大切に、実践と研究の両立に取り組む。2014年度から神田プロジェクトを開始し、神田暮らしの紐解きとこれからの都心居住像をテーマに活動中。NPO法人神田学会との老舗の協働調査から、神田の都市生活像を研究している。

商売は地域とともに
―神田百年企業の足跡―

2017年５月15日　初版印刷
2017年５月30日　初版発行

編　者　ＮＰＯ法人神田学会
東京大学　都市デザイン研究室
（編集代表・西村幸夫）
発行者　大橋信夫
印刷製本　図書印刷株式会社
発行所　株式会社東京堂出版
http://www.tokyodoshuppan.com/
〒101-0051　東京都千代田区神田神保町1-17
電話03-3233-3741　振替00130-7-270

ISBN978-4-490-20947-1　C1034